La Generación de la Ansiedad

CHRISTIAN PEÑA

LA GENERACIÓN DE LA ANSIEDAD

First edition. May 27, 2024.

ISBN: 979-8224770175

Written by Christian Peña.

Tabla de Contenido

AGRADECIMIENTOS

Quiero agradecer a la vida por darme la oportunidad de escribir este libro, hay tantos temas de tanta relevancia actualmente que necesitan ser aclarados que no me alcanzaría el tiempo de escribirlos todas.

Agradezco a mi hermano por la realización de la tapa del libro con sus consejos y elecciones.

Agradezco a mi familia por el apoyo de mis escritos y de todos aquello que los leen.

Y agradezco al lector por darme la oportunidad de compartir las ideas infundadas en el libro a los demás.

Introducción

En los últimos años hemos atestiguado como la humanidad ha avanzado en muchos niveles, las cosas que se pueden hacer ahora, no se nos podía ocurrir como posibilidad en el pasado.

Por la manera en que hacemos las cosas ahora, todo ha cambiado para las personas a nuestro alrededor como para nosotros.

Ha habido cambios masivos en diferentes ámbitos y otras se han quedado igual para las personas.

Cómo el mundo ha ido progresando de una manera inquietante los eventos actualmente funcionan muy distintas que antes logramos cosas de maneras mas eficaces y eficientes, incluso más rápidas he instantáneas, pero a simple vista del ojo humano no somos capaces de percibir los síntomas que produces algunas cosas.

Hay factores que están ocurriendo hoy en día que no son perceptibles a la vista, lo cual nos hace incapaces de notar lo que en verdad está ocurriendo a nuestro alrededor, vemos los resultados instantáneos pero no logramos ver las consecuencias que llevan a largo plazo.

La interconectividad, hoy en día es inevitable para los individuos, a la mayoría les resulta casi imposible vivir sin las facilidades de la tecnología, hay que reconocer que ésta nos ha ayudado a progresar de maneras realmente asombrosas.

Se ha hecho posible el trabajo desde casa con una simple computadora portátil, podemos comprar y vender instantáneamente lo que queramos, la comunicación con cualquier persona en el mundo es posible.1

Pero no todo es color de rosas, como vivimos en un mundo de opuestos, hay que tomar en cuenta la otra cara de la moneda,

¿A quienes afecta este avance tan vertiginoso? ¿Cómo les podría afectar? Y ¿Por qué?.

En esta era los niños adolescentes y jóvenes son los que marcaran la historia, tomarán el lugar de los líderes actuales y dirigirán las sociedades.

Pero para mucha gente en distintos países, las situaciones actuales que están pasando podrían afectarles de un modo u otro.

Los celulares inteligentes que se les facilita a los niños, por ejemplo, ya es algo normal en nuestra sociedad, el problema surge cuando no se les brinda la educación para hacerles entender, los efecto que ocurren cuando se pasa muchas horas usándolo, y de maneras dañinas.

Estos terminan aislando al niño o niña, generando un tipo de adicción y dependencia hacia la tecnología, arruinando su capacidad de concentración y desarrollo de habilidades.

Los niños que fueron criados así, generan cierto tipo de ansiedades en su adolescencia cuando son más hormonales y tienden hacia los extremos.

La sociedad no se preocupa sobre que es el lo que ven los niños en el celular, por cuanto tiempo y que efectos tienen durante los años.

En muchos casos genera depresión prematura, soledad, dependencia del celular, aislamiento, falta de capacidades para comunicarse y socializar, se vuelven más tímidos perjudicando sus experiencias y desarrollo de habilidades a corto, mediano y largo plazo.

Un gran ejemplo de como dejar la ansiedad diaria es minimizar el tiempo de uso en el celular un día entero, y veras los resultados inmediatos en ti o en quienes lo prueban, un simple cambio como ese hace la diferencia, para aquellas personas que no logran concentrarse, pierden mucho de su tiempo, porque lo invierten demasiado en los aparatos tecnológicos.

Por otra parte, en el ámbito escolar se observan casos de bullying en los que los maestros no son capaces de manejarlos de maneras adecuadas, es más, no fueron capacitados para neutralizar esas situaciones.

Todos sabemos lo dañino que es para un niño o adolescente que no sabe defenderse, los efectos del acoso psicológico por sus compañeros o incluso sus maestros.

Maestros que en su mayoría no les interesa enseñar con el corazón.

A esta generación el sistema no les está enseñando lo que se debe aprender y es necesario para ser alguien en la vida. No es de extrañar que somos testigos como los niños, adolescentes y jóvenes padecen de ansiedad, depresión, y estrés innecesarios.

En el trabajo la clase proletaria, si bien es cierto que ahora trabajan o son menos explotados que antes, hay que ser sinceros y hacer notar que, temas que se han hecho tan populares como la multitarea, o la sobre productividad, no te llevan al éxito, te dirigen a un desequilibrio en tu vida.

Mucho de algo es dañino para la vida, no importa de qué se trate.

Hay personas que solo se dedican a trabajar con resultados bajos, durante todo el día pero se olvidan de cuidar sus relaciones familiares, o sociales, como si buscaran un escape de ello mediante el trabajo excesivo.

El ámbito laboral influye directamente al familiar o social, y viceversa.

La gente suele ser incapaz de encontrar un equilibrio, para cada aspecto de su vida, lo cual lo lleva a la insatisfacción, tristeza, ansiedad, o depresión, cuestionándose de cómo llegaron a ese lugar.

Piensa en los conductores de transporte público, o trabajadores que conducen su vehículo ¿No has observado que en muchos casos estos andan siempre acelerados, de mal humor, gritando al prójimo porque casi se chocaron o porque una se cruzó una luz roja?

Esto tristemente no es un resultado gradual, al parecer es un posible síntoma de lo que es el sistema económico en el que vivimos, en el que a los trabajadores solo se les debe pagar lo justo para que puedan sobrevivir.

Hasta cierto punto experimentan cierto tipo de presión por cómo funcionan los trabajos, hay algunos que te exigen muchas horas de trabajo con un bajo sueldo.

Y, es una ironía porque en general, los trabajadores son la base de nuestra economía, y a muchos de ellos se les contrata para ser explotados, mal tratados o pagados injustamente, el sistema está hecho para funcionar así. De una forma en la que no se puede dar uno cuenta, sino todo lo contrario.

Se ha puesto de moda a través el entretenimiento como los memes lo que es la ansiedad, algo curioso, como si tener ansiedad fuera algo que te hace estar a la moda.

Sí, está hecho para entretener, pero como medio de entretenimiento, el consumo de ansiedad solamente te genera más de ella, las novelas son un buen ejemplo, están hechas para que estés al borde del asiento todo el tiempo en este caso usan técnicas como escenas dramáticas o exageradas que abordan temas de infidelidad, asesinato o violencia, esto mantiene enfocada a la mente pero la estresa y le baja la energía, entretenerse es necesario y bueno cuando lo utilizas como un método de relajación.

Ver a los o las deportistas profesionales desempeñar su máximo rendimiento es inspirador, escuchar lo que dicen luego de la competencia es muy interesante y educativo.

Nos demuestran lo que es la actitud y disciplina.

El consumo de entretenimiento tóxico diario durante largas horas genera comportamientos que después se reproduzcan a través de ti. Los niños no fueron educados y no son conscientes al 100% de si lo que consumen les será beneficioso o dañino.

En varias partes del libro daré maneras, formas o filosofías que ayuden a enfrentar o a ver el problema, de diferentes maneras, para que se pueda superar la ansiedad que hay latente en el entorno, muchos de los ejemplos están inspirados a la actualidad, y casi todos los conceptos también.

Uno de los puntos más importantes es, "debes crear tu propia manera de pensar, tus propias maneras de hacer las cosas que te funcionen a ti, sean saludables y beneficiosas para ti, tener tus propias filosofías, sin tener que depender del entorno que te dice como debes percibirlo"

PRIMERA PARTE

ANALIZANDO LOS FUNDAMENTOS DE LA ANSIEDAD

Capítulo 1
Orígenes de la ansiedad

Entendiendo que cada persona es distinta una de otra, los orígenes de la ansiedad pueden ser multifacéticos y variar según la persona y su entorno. Pueden incluir factores genéticos, experiencias traumáticas, estrés crónico, desequilibrios químicos en el cerebro y condiciones médicas subyacentes.

Además, factores ambientales, como la crianza, el entorno familiar y social, también pueden influir en el desarrollo de la ansiedad.

De la evolución a la sociedad moderna

Desde una perspectiva evolutiva, la ansiedad tiene raíces profundas en los mecanismos de supervivencia de nuestros antepasados. Durante la evolución, la ansiedad ayudó a nuestros ancestros a detectar y responder a amenazas en su entorno, lo que les permitió tomar medidas para protegerse y sobrevivir.

En entornos prehistóricos, la ansiedad podría haber sido provocada por peligros como depredadores, escasez de alimentos o conflictos con otros grupos. Aquellos que estaban más alerta ante estas amenazas tenían más probabilidades de sobrevivir y transmitir sus genes, lo que podría haber contribuido a la predisposición genética hacia la ansiedad en la población humana.

A medida que evolucionamos hacia sociedades más complejas, la naturaleza de las amenazas cambió, pero la respuesta de ansiedad persistió.

La presión social, la incertidumbre sobre el futuro y otros factores contribuyeron al desarrollo de la ansiedad en contextos modernos.

Hoy en día, la ansiedad puede surgir no solo de amenazas físicas inmediatas, sino también de preocupaciones abstractas, como el rendimiento laboral, las relaciones interpersonales y las presiones sociales. Aunque estas adversidades naturales son diferentes de los enfrentados por nuestros antepasados, la respuesta de ansiedad sigue siendo una adaptación evolutiva que nos impulsa a protegernos y adaptarnos a nuestro entorno cambiante.

Lo más curioso que ocurre hoy en día es que hay una excesiva tendencia hacia la ansiedad, en niños o adolescentes jóvenes, por factores que son abstractos, hay tendencias en los que el mercado debe moverse a esa dirección, y para que las personas consuman más productos y servicios, se les debe insertar miedo, miedo a la escasez, miedo a no lograr las cosas, el miedo no tener las energías suficientes para enfrentar el resto del día.

El miedo hoy en día en los tiempos modernos, se lo utiliza de manera estratégica para que las personas consuman, adquieran y gasten su dinero, por medio de la publicidad y propaganda.

Se ha presenciado el caso en el que a través de los noticieros a las personas se les informa que hay escasez de agua y se les pide que dejen de consumirla o que lo hagan en menor grado.

Resulta una situación normal, en el que las noticias están precautelando el cuidado de la ciudad a través de sus informes.

Pero en esta figura algo no cuadra, ¿Podrías adivinar qué? Una buena pregunta en ese caso sería ¿Por qué los noticieros te dicen que hay escasez de agua, de que el H2O está por acabarse en la ciudad cuando en las tiendas, o supermercados se puede observar que están llenas de gaseosas, como Coca Cola, Pepsi, y otros.

Curiosamente también los licores están disponibles, a la venta de manera regular, en las tiendas no les falta estos productos consumibles. Los puedes adquirir con suma facilidad y en cantidades abundantes.

En ese sentido ¿Por qué se ve que en las noticias dice haber escasez de agua cuando yo veo que las gaseosas y licores están disponibles en inmensas cantidades por toda la ciudad, en todas las tiendas que más a la mano se encuentran?

En realidad no importa lo que yo diga, lo mejor es que saques tus propias conclusiones.

Cómo han ido evolucionando las cosas en el mundo son de un carácter constante, antes se casaba para poder comer, luego debías plantar tus propias cosechas para alimentarte, ahora debes casar clientes para que te den dinero.

Capítulo 2
La Era de la Ansiedad

La humanidad está inmersa en una época definida por una creciente sensación de inquietud, incertidumbre y preocupación constante: la era de la ansiedad.

Desde tiempos inmemoriales, la ansiedad ha sido una compañera constante de la experiencia humana, es un sentimiento que ha estado en las personas desde su existencia, pero pareciera que en las últimas décadas se ha manifestado con mayor fuerza, haciendo víctimas a las personas que desde la niñez que entran a la adolescencia, también cuando ya son jóvenes adultos, sienten con mayor fuerza y frecuencia la sensación de ansiedad, y como hablamos de una enorme cantidad de personas que la experimentan con mayores dosis hay que empezar a cuestionarse ¿Cuáles son las causas de que éstas últimas generaciones experimenten mayor ansiedad que en épocas pasadas? ¿Por qué razón las personas de generación actual son tan distintas a las que por decirlo de un modo solo les llevan una diferencia de 10 años? ¿O 20 años?.

Y como hablamos de generaciones pues 10 o 20 años debería ser muy poco tiempo de diferencia, de lo que ha influido en tiempos recientes ha sido la interconectividad, ya no importa donde te encuentres en el mundo, puedes ponerte en contacto fácilmente con cualquier persona de otro continente, pero esta definición también se ha vuelto arcaica, eso en nuestra actualidad no es novedad, es el pan de cada día.

Una herramienta tan poderosa como es el internet, en conjunto a celulares y computadoras, han hecho que nuestra manera de trabajar, de relacionarnos, de hacer las cosas que realizamos cada día hayan cambiado, de ser así nuestra forma de ser también ha de cambiar, todo aquello con lo que interactuamos y percibimos nos influye en una casi pequeña, media o gran medida.

En ésta era, aquél que no sepa cómo manejarse bastante bien con las herramientas actuales, pues va a quedar atrapado en el siglo XX por cómo se hacían las cosas.

Es más, quizá no lo hayas notado pero cosas como la televisión o las redes sociales en su gran mayoría han sido hechas para que las personas se vuelvan adictas a ellas, estas generan adicción y dependencia.

¡Claro que sí!, te causan placer, y relajación instantáneas al entretenerte, pero aquel que no pueda despegarse de éstas y cada vez pase mayor tiempo con estos aparatos de manera dependiente, he irresponsable, va a ser una víctima más que ha caído en las garras de los medios masivos de comunicación, el entretenimiento, y el consumismo masivos.

La era de la ansiedad es el resultado una gran diversidad de motivos, hay que tener en cuenta el pasado para lograr entender hacía donde va el mundo, los sistemas actuales y como están direccionados son un gran factor del motivo por el cual la gente padece ansiedad, estrés, hasta mal humor.

En el sistema educativo, hay muchos jóvenes adolescentes, que no reciben la educación que necesitan en los tiempos actuales, se ha visto mucho casos de maltrato entre alumnos, la falta de respeto, se ha podido observar como los estudiantes terminan eligiendo la carrera equivocada haciéndoles perder tiempo, y motivación.

La ansiedad no aparece por que sí, la profundidad de su efecto se establece desde nuestro entorno, repercute a las personas, de formas en las que afectan su mente y hasta físicamente padecen deterioros.

Hay personas que tienen un trabajo y no están realmente satisfechas con ella, inclusive hay gente que odia su trabajo, y se dice constantemente a sí misma que va a renunciar, y se los dice a sus compañeros, pero nunca ocurre, y se queda en su puesto de trabajo insatisfecha, se queda con la duda de saber qué hubiera pasado, de haber dado el salto hacia sus sueños.

Quizá suene fuerte pero lo cierto es que hay mucha que gente esta situación, que no son capaces de moverse de su trabajo, hacia un mejor lugar para ellos, y nada raro que por más que hayan sido fieles en ese trabajo aunque lo odien, su jefe los haya desechado como basura.

Después la gente se pregunta porque hay tanta ansiedad, depresión, o estrés a nuestro alrededor.

La aparición del entretenimiento en internet también nos ha brindado efectos en nuestra sociedad que han marcado a la historia, en todos los aspectos conocidos.

Por el hecho de no saber cómo manejar correctamente esta herramienta, puede terminan afectando a su vida de alguna manera.

Ya que estamos en una era en la que el entretenimiento es la rey, y hay por ahí mucho contenido basura, que lo único que hace es atontar mantenerlas hipnotizadas a las personas con su contenido basura,

Cómo hemos podido observar, el internet siendo manejada de una manera incorrecta, puede ser como un algo que mantiene hipnotizada a la gente, la condiciona indirectamente a que se mantenga dónde está, que no progrese, a que no haga nada por llegar a sus sueños, ni cuestionarse cuáles son.

Y esto fue evolucionando poco a poco desde la llegada de la radio y la televisión cuadrada, una forma para informar a las personas y algo más.

El consumo de entretenimiento, es la tumba de los sueños que pudieron haber sido.

La sociedad se ve reflejada muchas veces por lo que consumen en términos absolutos, ya sea comida, revistas, programas, contenido de internet, todo lo que uno consume le afecta de alguna forma a su vida.

Su personalidad está reflejada en lo que mira, y come durante todo el día, y todos los días de manera continua

Se presume que las generaciones actuales actúan como actúan y son como son, simplemente por el contenido de entretenimiento que miran en la actualidad.

Y como un niño es extremadamente sugestionable a esa edad, literalmente se lo está programando su mente a ser de una manera en específico, y como una gigantesca cantidad de personas comparte mucho el contenido que miran, pues se está creando una legión de personas direccionadas a ser, pensar y hacer, de una manera en específico.

A simple vista no pareciera que esto es así, pero el sistema está diseñado para que las personas, al final solo sean parte del sistema, aunque esto le terminar dando estrés crónico, depresión o niveles altos de ansiedad.

Capítulo 3
La Influencia Cultural

Llevamos una responsabilidad por las cosas que ocurrieron en el pasado, ya que gracias a ellas nos encontramos presentes con todo lo que conlleva.

Los motivos por los cuales funciona actualmente la economía fue por causas pasadas, desde la educación por Rockefeller que actualmente se mantiene sin ningún cambio.

Hasta las guerras pasadas que terminaron por tratos y negociaciones de libertad.

Se debe apreciar todos esos acontecimientos para que en su momento se logre el progreso y el desarrollo de la sociedad, pero como va pasando el tiempo hay factores que no han cambiado pese a que hayan pasado más de 100 años, hay cosas de nuestra cultura que son obsoletas pero se han mantenido idénticas hasta ahora, los motivos por los cuales se crearon las escuelas fue para crear obreros en su momento, hoy no necesitamos más obreros que solo obedezcan ordenes de sus superiores, se necesita personas que nuevas habilidades practicas para la vida actual, no pasada.

Se necesita un nuevo sistema económico que no se aproveche de la base de la economía, es decir de los trabajadores.

No necesitamos más entretenimiento necesitamos más educación.

Culturalmente todos hemos sido influenciados por ellas, de niño es casi imposible que no hayas sido expuesto a una pantalla en la cual se reproducía cualquier cosa que sea para entretener o algo más.

Hay que aceptar que sí toda esa tecnología que ha sido creada para el beneficio humano también está siendo usada como arma para hipnotizar a las generaciones actuales.

¿Te has dado cuenta de que en el pasado la gente tenía gustos, comportamientos y maneras de ser muy distintas a las actuales?. De no ser así algún adulto si se lo preguntas lo más seguro es que te dijera que en sus tiempos las cosas eran muy distintas a las actuales, los gustos el arte la moda, irónicamente todo lo que consumían era muy distinto a lo que consumen ahora.

No es por simple coincidencia, en realidad las cosas no pasan por azar, así como la comida que comes afecta a tu cuerpo de una manera u otra dependiendo que consumes al pasar los años vas a ver los efectos de haber comido saludablemente o no, ahora, claro no vas a notar nada, solo el placer momentáneo de ingerir comida chatarra, a corto plazo, pero cuando lo haces durante muchos años, sin pausa, notarás como tu cuerpo empieza a cansarse con mucha facilidad, no tendrá resistencia y podría llegar a ser débil.

Lo mismo resulta con lo que consumimos a través del celular la televisión, lo que nos transmiten los medios de comunicación y observamos nos afecta de un modo u otro.

Culturalmente, todo hogar cuenta con televisor, cada persona tiene un teléfono inteligente, y computadora, esto casi de ley, pero también culturalmente, nos impulsan al consumismo incontrolable en donde vuelven a las personas adictas o dependiente al celular o televisor.

Hoy en día nos vemos invadidos por memes, a nivel masivo, estas cosas realmente no te dejan nada en la vida, están hechos para "entretener", pero se han vuelto tan populares que los jóvenes adolescentes se convierten en los memes que ven, el reflejo del entretenimiento de estos factores, se lo puede ver culturalmente en la forma de ser de las personas.

La mente de la gente se vuelve como un meme en si mismo, es una locura, pero hablan igual que los memes, actúan igual que estos, y basan sus respuestas, con respuestas rápidas en base a ese consumo.

El placer inmediato que te brindan estos objetos, e realidad es perjudicial para las personas cuando lo usan en exceso.

Una ley de vida inquebrantable es que todo en exceso es malo para las personas, tomar agua es saludable en lugar de gaseosas, pero tomarla de forma desmedida hace daño al cuerpo humano.

Comer ensalada y vegetales está bien, pero hacerlo de manera exagerada todos los días va a afectar a tu cuerpo de formas negativa.

Y como los jóvenes de hoy en día incluso los niños manejan celulares los usan, si no se les enseña la disciplina de manejarlos con inteligencia y sabiduría, van a terminar afectándolo negativamente a la larga ¿Cómo?. Si desde muy chicos a los hijos se les otorga el celular, y no se les enseña el uso correcto del mismo, van a generar una dependencia muy potente, de adolescentes y de adultos, les va a costar dejar esta adicción.

Perjudicar a los hijos con regalos como el celular sin las enseñanzas adecuadas de su uso, genera personas dependientes, adictas, y con ansiedad, creando toda una generación de personas que sufren ansiedad y luego se preguntan ¿Por qué padezco de tanta ansiedad o estrés?

Es una gran responsabilidad el criar a los hijos, porque ellos son los que van a marcar las nuevas generaciones y lamentablemente los medios de comunicación, los programas que sirven como entretenimiento a nuestros y a nosotros mismo, son los verdaderos educadores de las generaciones pasadas presentes y futuras.

Lo curioso es que nadie nos enseña sobre estos temas, o quizá por simple casualidad nos hayamos enterado, pero una cosa es segura, todo el mundo del entretenimiento, y consumo masivo, lo que quiere es direccionar a las personas a que sean como zombis y no piensen por sí mismos, creando gente débil, adicta, y dependiente.

Los niños son extremadamente sensibles a las influencias a las que están expuestas, ellos realmente absorben todo lo que viven como esponjas y como tienen una mayor sensibilidad hacia las experiencias que viven estos se pueden quedar en su mente marcados por el resto de sus vidas.

"Déjame influir en la vida del niño durante sus primeros ocho años y le hare creer que solo hay una religión que es la correcta y las demás están mal y por ello son malas personas, déjame influenciar en su vida cuando sea niño y no podrá cambiar de opinión por más que quiera cuando sea adulto, es más el creerá que todo lo que le enseñe es la verdad pura aunque no lo sea".

Tengan cuidado amigos a lo que se exponen en sus vidas, cuídate de todo aquello con lo que entras en contacto, ¿Por qué? Porque tal cual como dice la palabra conectarse es dejar que entre en ti y viceversa, haciendo que todo a lo que te expongas realmente entre en ti, y al final se convierta en ti, sea traducido en tu forma de ser.

Las masas, o sea los enormes grupos de personas son culturas en sí mismas que son fanáticas hasta caer en la inconsciencia del mismo, dispuestas a dar su vida por una causa que les vendieron.

Imagínate lo poderosa que es la influencia a la que nos exponemos, y también con las personas a las que nos relacionamos.

Literalmente esas personas con las que interactúas de alguna manera afectan tu manera de pensar, de sentir y al final de ser.

La persona quien tú eres es el resultado haber experimentado ciertas situaciones más que nada en la niñez que ahora forman parte de tu forma de ser, eso hace que tengas una cierta forma de pensar que ya esta preestablecida y te condiciona para que actúas de una manera en particular y automática, haciendo que tus sentimientos se acostumbren q tu forma de pensar, lo que se traduce en tus acciones, aquellas decisiones que tomas y haces que impactan tu vida, o también que no impactan para nada, llevándote a resultados que no son ni buenos ni malos en realidad, son solo lo que son, resultados.

Ahora los resultados puede que te gusten o no, ya has sido influenciado por todas esas experiencias, de manera que hace que tu actuar ya sea predefinido, y más aún tu forma de pensar.

En realidad tu mente recuerda todo lo que has vivido y quiere cuidarte del peligro, pero prográmala de una forma equivocada o poco saludable, y así será toda tu vida. O la vida de aquellas personas a las que fueron condicionadas en su niñez.

Se puede heredar los traumas, las improntas negativas, si es posible que alguien herede de su familia una forma de actuar y una cultura que le hace daño a la persona, como también la forma en la que maneja el dinero, se alimenta, tiene una forma en particular de ver la vida, también puede heredar inteligencia, sabiduría, valores, virtudes, formas de creer que le ayuden a él y a las personas a las que está rodeado.

Capítulo 4
El Papel de la Genética

A nivel físico, tendemos a perecernos a nuestros progenitores, hay casos en los que los hijos no se parecen para nada a sus padres, pero tienen un mayor parecido con sus abuelos o bisabuelos.

El que alguien se parezca a sus familiares no es por casualidad sino genética.

Por otra parte, en los años anteriores han quedado restos de resentimiento de los latinoamericanos hacia los españoles, sabemos que en siglos pasados, los españoles tomaron nuestras tierras, de maneras inenarrables, en base a torturas para quedarse con nuestro oro.

Utilizaron técnicas de a tortura quedarse con las fortunas de los pueblos, como ellos en esos tiempos manejaban armas de fuego, en los pueblos se defendían con lanzas y arcos, imagínate.

Estos trágicos hechos duraron muchos años dejando una marca o huella profunda de dolor en nuestra cultura.

Se presume que la mentalidad de pobreza que tienen los latinoamericanos fue a raíz de esos acontecimientos, ya que en aquella época lejana, los españoles asesinaban a esas personas para quedarse con su oro y para violar a las mujeres.

Entonces el significado de las riquezas era asesinato y violaciones, una terrible definición para el dinero.

Este ejemplo sirve para señalar como las vivencias de los antepasados afecta incluso hoy en día a las presentes generaciones, condicionando los comportamientos y formas de ser de las personas, son traumas heredados inconscientes.

Genéticamente recibimos hasta las habilidades de nuestros antecesores, no necesariamente de nuestros padres pero de alguien que es parte del árbol familiar.

Los estudios familiares y de gemelos mostraron que alrededor del 30% de los casos de ansiedad son hereditarios.

Hay un porcentaje del que no podemos controlar, lo que se puede hacer es trabajar en que el 70% restante no se vea afectado por ese 30% heredado,.

Quizá sea necesario el desaprender lo que uno sabe, para así aprender mejores formas de percibir a la vida.

El requerimiento de energía es mayor y también se necesita un mayor esfuerzo, es como borrar los datos de un disco duro, cuando es mucha la información el disco duro al borrarlo se calienta, gasta mayor energía que cuando la recibe, algo parecido ocurre con nuestra mente.

Se requiere dosis mayores de energía para borrar lo aprendido, para así reaprender la nueva información, que te ayudará a reemplazar las cosas antiguas por las nuevas.

Capítulo 5
Neurobiología de la Ansiedad

La ansiedad es un estado de alerta que se activa en el cerebro cuando percibe una amenaza o un peligro, real o imaginario, hoy en día se han visto más casos de peligros que nunca ocurren pero afectan a la gente.

Neurobiológicamente, implica la interacción compleja de varias regiones del cerebro, incluyendo la amígdala, el hipocampo y la corteza pre frontal.

Cómo funciona el cerebro

La amígdala es fundamental en la respuesta emocional, especialmente en situaciones de miedo, y ansiedad.

Detecta y evalúa las amenazas, desencadenando respuestas de estrés y activando el sistema nervioso autónomo.

El hipocampo, por su parte, juega un papel importante en la memoria y el aprendizaje asociados con las experiencias ansiosas. Puede reforzar las conexiones entre eventos estresantes y respuestas emocionales, lo que contribuye a la sensación de ansiedad crónica.

La corteza pre frontal, especialmente la corteza pre frontal ventromedial, regula las respuestas emocionales y cognitivas ante situaciones estresantes. Sin embargo, en personas con trastornos de ansiedad, esta función puede verse comprometida, lo que dificulta la regulación adecuada de las emociones y la toma de decisiones.

Además neurotransmisores como la serotonina, la dopamina y el ácido gamma-amino butírico también desempeña un papel crucial en la modulación de la ansiedad. Los desequilibrios en estos neurotransmisores pueden contribuir al desarrollo y la perpetuación de los trastornos de la ansiedad.

El cerebro tiene mecanismos de defensas que están hechas para cuidarnos de los peligros a nuestro alrededor, debemos tomar en cuenta que nuestra mente lo que busca es sobrevivir, después de todos los años que tiene evolucionando, lo único que busca es comer y reproducirse.

Al cerebro no está realmente interesado en que seamos felices, en realidad es primitivo, y reacciona ante el peligro ahora al igual que como lo hacía en épocas prehistóricas.

Desde nuestra consciencia es como nos hemos vuelto capaces poder detectar nuestros estados mentales y emocionales, podemos tomar distancia de nosotros mismo, para evaluar lo que percibimos como peligro, y considerar si realmente es peligroso o no.

En los momentos que sentimos peligros, somos capaces de observar nuestros estados internos, desapegarnos, y simplemente observar como nuestro cuerpo se estresa ante las situaciones aparentemente difíciles.

Hay que considerar que el desapego de uno mismo es como una habilidad en la que te observa a ti mismo en tercera persona, te alejas de ti para poder observarte, y entenderte mejor a ti y a tu situación de una manera más proactiva.

Esto se puede lograr a través de ejercicios meditativos, en donde se puede conseguir tranquilidad en medio del peligro, o el aparente peligro.

SEGUNDA PARTE

MANIFESTACIONES Y CONTEXTOS DE LA ANSIEDAD

Capítulo 6
Ansiedad en la infancia y adolescencia

Quizá la mayoría de las personas no lo sepa pero, en una gran medida, somos quienes somos en la actualidad por cómo hemos sido criados desde nuestra infancia, el condicionamiento se es algo que se queda en la mente subconsciente del niño creando patrones mentales que cuando ya es adulto el niño, reproduce como una grabadora lo que vivió en su niñez.

Este trastorno de ansiedad, depresión o tristeza que viven los infantes, pueden estar asociados a dificultades académicas, a presiones parentales más excesivos de lo normal intentos de suicidio y otros problemas de salud mental.

Este trastorno puede ser por razones de vergüenza y humillación, el miedo que sufren los niños cuando alguien les aborda con intenciones de humillar, difamar, hacer quedar mal, burlarse, y que quede claro, mientras más potente sea la experiencia de humillación que experimenta el niño o niña, más potentemente está siendo condicionado para que tenga una vida depresiva.

Cuando a un niño se le humilla, o se le pone en vergüenza en frente de los demás, está generando un patrón mental depresivo en el que este chico puede empezar a creer que eso es normal, que el sufrir emocionalmente es algo común y corriente y que debería acostumbrarse a ello.

Y como lo experimenta un niño, tiene mayor sensibilidad en basar su patrón de pensamientos en lo que experimentó, podría pensar en un futuro que si no se le humilla en la actualidad no se le quiere realmente, o no estaría interesado en entablar relaciones con nuevas personas.

Se podría juntar solamente con personas que le humillan, y le hacen pasar vergüenzas, generando depresión, pero una que es inconsciente, que no sabe porque sufre de estrés.

La ansiedad académica es otro factor importante que lo mencionamos con anterioridad.

Sobre todo en los adolescentes que este punto es importante recalcar, ellos tienden a ser más emocionales, ellos se dejan llevar por las influencias a las que se permiten manejar, son como corrientes de agua potentes que una vez fluyendo, recorren ese camino hasta la más grandes profundidades.

Los adolescentes no tienen la capacidad de calcular sus estados emocionales, cuando se exponen a aciertos factores culturales, más tarde que temprano han reaccionado a dichas influencias.

Cuando se enamoran, lo hacen de una manera impactante, potente, ya que las emociones las tienen como a flor de piel, y lo más probable es que no tengan mucha experiencia en el ámbito, se sumergen por las emociones del romance, tienen una mayor sensibilidad a las emociones positivas como negativas, y si no están en uno de los extremos, lo más seguro es que se encuentren en el otro.

Los adolescentes son así por un tema hormonal, en ésa época desarrollan su ser, y lo hacen por medio de prueba y error, el caso es que las emociones potentes nos hacen tomar decisiones o actuar de maneras que cuando somos adultos, no lo podemos creer.

Las razones por las cuales lo adolescentes son como son, es instintiva adicionando el tema hormonal, y que quede claro que ser hormonal, no es tener un mal temperamento, significa que a su edad, y en su desarrollo, físico y mental tienden a caer en bucles profundos existenciales extremistas, si no se hallan en filosofías profundas de cierto tipo, entonces se encuentran en otro.

La generación de la ansiedad se ha logrado observar, con mayor fuerza en los últimos tiempos, se ha dado de que hablar incluso se ha puesto de moda, para observar como los medios de producción usan estas emociones para aprovecharse de los consumidores.

Lo mejor que uno puede ser a esa edad es aprender a canalizar esos estados emocionales en algo que contribuya al bienestar del adolescente, actualmente éstas generaciones tiene prioridades muy distintas a las de épocas anteriores.

Hoy en día los adolescentes no les interesa casarse, ni formar una familia, no les interesa trabajar por un sueldo, cuando ven que se puede lograr hacer muchas cosas con el internet, ellos están más a favor de viajar y acumular una gran cantidad de experiencias, si son honestos con el mundo a ellos no les interesa encajar en las reglas que la sociedad impone, eso es lo maravillo de ésta época, ésta clase de actos son indicadores de progreso sociales.

Se presume en la era actual, hay quienes no logran ese estilo de vida, por algún factor mental, cultural, la historia nos ha enseñado que los ganadores son los que escriben la historia, pero ¿Qué ocurre con los perdedores? Caen en el olvido, no se sabe que ocurrió con ellos, cuando las verdaderas victorias son cuando todos ganan en conjunto, hay que tomar en cuenta que las formas que se hacían las cosas, hay muchas de ellas que han quedado obsoletas, y que se deben crear nuevos métodos, en como culturalmente observamos la vida.

Factores como esos, son como una programación cultural de actitud, que de manera errónea, estamos haciendo lo correcto aunque estemos diciendo la verdad a medias, y no en el sentido totalitario de la palabra.

Infancia

Desde muy temprana edad hemos ido acumulando recuerdos entre nuestros amigos de colegio, compañeros de estudio, con nuestros padres, progenitores, o quienes nos cuidaban en nuestra niñez.

Hay que tener en cuenta sobre la crianza de los hijos, sobre quienes los cuidan, quienes les enseñan y como lo están haciendo, los factores de ansiedad para los niños es más potente a largo plazo, estos síntomas de ansiedad que podrían experimentar los niños puede ser debido a: maltrato por parte de sus progenitores, entendiendo el maltrato como físico, o sea a golpes, también como el emocional, es decir abusando desde verbal hasta la manera en la que los demás tratan al infante, si se trata a un infante como si fuera malo en todo lo que hace, no sería de extrañar que de adulto sufra de miedo excesivo al querer emprender cualquier cosa.

Los niños son semillas en crecimiento, y por como los riegues así será su tallo y sus frutos.

Maltrata a un niño durante muchos años, con amenazas, metiéndole el miedo, el estrés, inculcando creencias dañinas, bajándole el autoestima cada vez que este cree algo o haga lago constructivo, o diga algo constructivo, tratándolo como esclavo, dejándolo a su suerte, abandonándolo afectivamente, pueden ocurrir dos cosas.

Como es casi en la mayoría de los casos como se lo ha sugestionado desde el maltrato o el estrés durante años, entonces no conoce herramientas internas con las cuales enfrentar a la vida, en el mundo real, es más se le ha quitado la facultad de usar las herramientas internas de maneras en las que pueda salir adelante, sino que se verá envuelto en emociones, recuerdos, que solo lo van a detener, al momento de enfrentar la vida.

Esas emociones negativas son las que afectan al actuar del niño, haciendo que evite tomar riesgos pero por los motivos equivocados, porque le entra el miedo porque se desanima demasiado rápido y fácilmente, porque cree que su vida está en peligro cuando está a punto de tomar alguna decisión, porque cree que todo lo que haga terminará mal, y en vergüenza.

Semillas o creencias inculcadas desde muy pequeños, que afectan sus experiencias de la infancia, dándoles recuerdos de dolor y sufrimiento, muy posiblemente generando deseos de venganza y odio, creando intenciones de hacer daño a los que les hicieron o les hacen daño actualmente.

Generando un estilo de vida de sufrimiento, estrés y ansiedad a los niños hace que sean más desdichados, menos felices, afectando sus capacidades del logro, descubrir en que es bueno, esto solo programa su mente de maneras que no son provechosas para los niños y niñas.

Si se mantiene por años este estilo de vida, el niño lo podría tomar como suyo, creyendo que le pertenece y ese es su destino, haciéndoles creer que fue creado para vivir en desdicha, y ansiedad profunda.

Estos son solo síntomas, porque la ansiedad mantenida por muchos días, semanas o meses, crea estados emocional negativas con mayor profundidad en la mente del individuo, creando una identidad depresiva a medida que va creciendo, lo toma como suya, y en base a ello actúa ante el mundo.

La manera de salir adelante es cuestionándose primero porque actúa de la forma en la que actúa, la mayoría no se pregunta eso, porque a la mayoría no le interesa, lo que quieren es sobrevivir con todo lo que se les fue heredado.

Viven por cómo fueron criados y no buscan soluciones, solo reproducen lo que aprendieron tratando a los demás como los trataron, o quizá en mayores magnitudes y más profundas.

No buscan cambiar, quieren sobrevivir con lo que tienen generando en otros ansiedad y dolor.

Por otra parte podría ocurrir lo contrario (pero estos casos son demasiado especiales y dignos de estudio) ocurre que el niño, al estar en un entorno que, si bien están precautelando su seguridad y supervivencia, es un entorno en el que se le enseña a ser mediocre , a ser dependiente de sustancias adictivas, mediante el ejemplo de los que están a su alrededor, hay ocasiones muy especiales en el que el niño o niña se revela contra sus cuidadores, siendo la antítesis de estos, la voluntad que tienen estos infantes es demasiado enorme comparable con los hombres y mujeres de éxito, posiblemente por el factor de rebeldía y de estar en contra de los adultos, irónicamente al estar en un entorno mediocre, el niño resulta que sale adelante en la vida, como un hombre éxito en lo que se haya propuesto.

Esto no aplica en todas las ocasiones, se ha podido observar, pero todos podemos aprender, tenemos la capacidad de tomar el conocimiento y hacerlo nuestro.

Adolescencia

En los adolescentes, la depresión, el estrés, y la ansiedad se manifiesta de formas particularmente distintas, ellos al estar en pleno proceso de desarrollo físico, emocional y psicológico, se ha visto que tienden a irse por los extremos en casi todos los ámbitos.

Los adolescentes son muy extremistas por las causas que defienden o por las que están en contra, la rebeldía se aprecia aquí en su máximo punto.

Como se dio a entender, muchos adolescentes padecen o sufren o diversas situaciones estrés, ellos suelen tener momentos de ansiedad, pero hay casos que la depresión los absorbe creando su identidad entorno a la emoción que llevan profundizada.

La depresión puede ser causada por la ineptitud que tiene el adolescentes a la hora de querer lograr sus ambiciones, por lo general se desesperan por no tener lo que quieren, creen que son de lo más inútiles y se rinden, creando un círculo en el que cada vez que quieren algo, no lo logran y se sienten más depresivos he inútiles.

Así es, los adolescentes tienden a ir por los extremos muy rápidamente, y ni cuenta nos podríamos dar.

Es en esta edad en la que las adicciones empiezan a manifestarse para muchos, como quieren respuestas para su vida a veces la buscan en el lugar equivocado haciendo que años después se arrepientan.

Dejan que la sed les haga tomar del vaso equivocado.

Pero las sustancias ilícitas que causan placer, generan más inconsciencia para quienes la consumen, A parte que causan daño físico (dolor de cabeza al día siguiente) genera un auto inconsciencia, es decir, no cuestionan si hay algo más allá de llenar sus vacíos internos con estas sustancias.

Se quedan con la primera o segunda respuesta que encuentra a la solución de sus problemas.

Es decir, se conforman con los placeres inmediatos a costa de los placeres a largo plazo, por eso no resulta nada raro que se encuentra a jóvenes adultos viendo su pasado y no pueden creer las decisiones que tomaban en ese entonces.

Pero las emociones negativas no solo te conducen a tomar malas decisiones para llenar vacíos internos, cada persona es distinta una de otra, y cada quien desarrolla su vida según el significado que le den.

La ansiedad, y las emociones que las acompañan en los adolescentes, hace que tengan pensamientos suicidas, considerando que es una buena idea dejar este mundo.

Suena extremo pero entre emociones y lógica el cerebro tiende a elegir la primera, la falta de logros, los fracasos, la situación en la que se encuentran hace que los adolescentes piensen constantemente en el suicidio.

Puede ser a causa del maltrato que tuvo en su niñez, puede ser por la situación actual de sus relaciones personales, puede ser por carencia de propósito, o porque tiene un auto significado que no le agrade.

Los adolescentes que padecen estos trastornos depresivos necesitan ayuda, necesitan de alguien que los guíe, necesitan un referente en el cual ellos puedan confiar.

Los adolescentes tienden a estar solos en su interior aunque tengan muchos amigos por fuera, o aunque demuestren dureza y seguridad, por dentro lo que quieren es apoyo, y guía.

Manejan máscaras internas para no mostrarse expuestos ante los demás, se cuidan a toda costa de que los lastimen, como les lastimaron en su infancia se genera una impronta emocional en el que presuponen que cualquiera con el que se pongan en contacto les hará lo mismo.

Esto está explicado a grandes rasgos, el ser humano es complejo y hablar sobre improntas se debe entender el significado que el individuo le de las suyas propias, es uno de los motivos por los cuales nos diferenciamos unos de otros.

Hay adolescentes que necesitan ayuda, necesitan apoyo, necesitan una guía adecuada para ellos, pero por lo general, fallan en el intento, y como son extremistas caen en su propio abismo nuevamente.

Cabe dar énfasis que los casos de ansiedad en adolescentes tiene muchas causas entre estas la crianza que tuvieron, como los trataron, que les dijeron de niños, que cosas vieron de niños, como los hacían sentir de niños.

Las variables pueden ser diversas, y esto es lo que los llevo a ser quienes son en su adolescencia.

Lo bueno es que hay herramientas que son de gran ayuda para nosotros, como la información está tan disponible a la mano, que cualquiera puede usarla en su beneficio personal.

Por eso el internet (cuando se lo utiliza con conocimiento) es una gran herramienta, ahí se puede encontrar referentes de los cuales los adolescentes pueden aprender, y si no saben a quién elegir, también puede ser de ayuda para buscar que es lo que quieren los adolescentes para salir adelante.

Los recuerdos que permanecen en nosotros tienen cargas emocionales que, cuando volvemos a pensar en ellos, tenemos sensaciones emocionales de nostalgia en base a los que esos recuerdos nos inspiren.

Cuando éramos niños, teníamos mayor fuerza receptiva, los niños son más sensibles a su entorno por lo general desde que nacen hasta los 7 años, entre esas edades su cerebro es como una esponja que, una vez absorba mediante lo que ve, lo que escucha y lo que vive, es como forja su manera de ser, hacer y sentir cuando crezca.

Capítulo 7
Ansiedad en jóvenes y adultos

Los problemas que enfrentan los jóvenes adultos se diferencian entre niños y adolescentes en gran magnitud, entre distintas etapas se requiere en cada una un enfoque, aprendizaje y desarrollo diferente.

Al llegar a la juventud el lóbulo frontal es cuando termina su desarrollo, haciendo que se vuelva más crítica.

Cómo los contextos son diferentes jóvenes y adultos pueden compartir situaciones parecidas a diferencia que niños y adolescentes, los primeros tiene problemas diferentes, situaciones distintas, tienen perspectivas diferentes a los que tenían antes, en esta etapa por lo general la persona decide con más lógica lo que quiere en la vida, hasta su vejez, haciéndolo actuar en consecuencia.

Pero la juventud y adultez suelen venir acompañados de patrones pasados, que si bien uno podría creer que no le afectan si lo hace, al reproducirse en su comportamiento de maneras predeterminadas.

Es como si ya estuvieras programado para pensar y actuar de cierta manera, y no lo cuestionas simplemente crees que es tu forma de ser.

Unos dan por sentado que las maneras de su hacer es la mejor y no hay otra que se le compare.

En ese sentido como adultos, estos tienen que enfrentar problemas de mayor magnitud, si es estresan puede ser porque no están satisfechos con su trabajo pero creen que no tienen otra opción a esa, puede ser que tengan problemas económicos, haciendo que la depresión o ansiedad los invada, o porque en su trabajo les exigen más de lo que pueden hacer, afectando a estos en su salud y bienestar.

Por otra parte adultos mayores que padecen de ansiedad o depresión se presume que está relacionado al abandono por parte de sus familiares, hay veces en las que el adulto mayor no tiene con quien pasar los días están solos, al igual que una cantidad de ancianos.

El abandono, el sentir que no se tiene con quien expresarse y comunicarse, es otro factor que causa entre otras cosas la tristeza, la depresión y ansiedad.

Hay quienes, por su edad ya no se les permite trabajar en ciertos lugares por ser demasiado mayores, poniendo en conflicto a estos, preguntándose, a donde acudirán, o que es lo que harán para tener otro trabajo, porque hay quienes trabajan hasta los finales de sus días.

Las exigencias del mundo actual nos hacen cuestionar que es bueno para nosotros, que es lo que realmente importa y que es lo que aparenta ser importante.

Existe un factor sobre las experiencias de personas en la infancia o en la adolescencia, como ser el abuso, la negligencia, los conflictos entre los padres de familia, las discusiones, el manejo que se le daba al dinero, esto puede aumentar el desarrollo de la ansiedad en la adultez.

Entonces los factores sobre vivencias pasados son maneras de poder predecir como es el adulto, es como su configuración mental y emocional, lamentablemente hay muchas familias que experimentan esta clase de abusos, o por decirlo de otro modo, este tipo de educación.

Los padres solo quieren lo mejor para sus hijos, en ese sentido les enseñan lo mejor que pueden con lo mejor que tienen, hay ocasiones en las que las personas experimentan enseñanzas o vivencias de sus progenitores que más que ayudar atrofian la mente del hijo.

Un padre o madre que es incapaz de inculcar lo que se debe a los hijos, no lo está preparando para la vida, les están heredando sus patrones mentales poco productivas (llamémosle) a sus hijos.

Con lo cual les lleva a los hijos por el mismo camino que transitaron sus padres, si los maltrataban físicamente, o emocionalmente, eso se puede traducir y a la vez, desarrollar la ansiedad en su adultez.

La ansiedad es una emoción que frena al sujeto lo retiene y atrae mas emociones parecidas si este se sigue desarrollando dentro del individuo, porque todo lo que uno tiene o maneja en su vida se va desarrollando y creciendo ya sea algo bueno o malo.

Los adultos tienden a preocuparse más que los niños por obvias razones, pero también tiene la mala tendencia de auto exigirse más de lo que deberían afectando su propia salud.

Hay quienes por estos factores corren riesgos físicos, he incluso corre riesgo su propia vida.

Capítulo 8
Presión Laboral

Estamos envueltos en algo que se ha puesto muy de moda en los últimos años, "la productividad, las multitareas, tienes que ser multifacético para progresar como deberías".

Hay cosas que no han cambiado mucho a través de los años, como el estrés que es generado por el exceso de trabajo y el sentimiento de pocos logros en los trabajadores.

Uno debe saber cuándo es suficiente de hacer, porque en la mayoría de los casos, hay momentos en los que uno mismo se encuentra trabajando y trabajando y trabajando, sin sentir que esté realmente progresando.

En lugar de enfocarse de trabajar más inteligentemente, están enfocados por trabajar más duro, creen que de esta manera van a recibir mejores recompensas.

Hay maneras de hacer las cosas para cada persona y le que le funciona a uno, no necesariamente le funciona a otra persona, el amor propio es algo que debe ser trabajado, el reconocer que, en el ámbito laboral, trabajar más horas sin lograr muchos resultados no es la definición del éxito personal.

Aquellas personas que se la pasan todo el dia trabajando, hasta tarde sin lograr mucho en su vida, no están cuidándose a sí mismos ni a su tiempo.

Por ejemplo un hombre en su trabajo que son las ventas está a punto de ser ascendido a gerente de ventas, él lo analiza detenidamente, y nota que estará trabajando 14 horas al día, tendrá que estar preocupado por manejar una gran cantidad de vendedores y de sus resultados, este trabajador decidió no tomar el puesto porque le terminaría exprimiendo su tiempo y la vida, sabe lo que es suficiente para el, y no es saludable dedicar cada día durante todo el día un trabajo en el que sabe que no compagina.

Trabajar más duro no es la solución, aprender a hacerlo inteligentemente puede ser la respuesta, podrías tener más tiempo haciendo las cosas en las que eres dedicado, y delegarlo a otra persona, o renunciar a tu empleo en el que te sientes desgraciado y encontrar uno mejor, mejor para ti, encontrar para uno mismo el trabajo inteligente y adecuado, te puede generar mejores resultados que estar simplemente trabajando todo el día sin tener el tiempo suficiente de hacerlo de manera inteligente.

La ansiedad o el estrés aparecen cuando uno se da cuenta de que con todo el tiempo que tiene solo lo tiene enfocado en el aspecto laboral y no en la familia, que claro, es otro ámbito que debemos cuidar constantemente, y en ese sentido siente que está desperdiciando su vida, por no invertir su tiempo en cuidarse a sí mismo o pasar tiempo con su familia.

Uno debe estar orgulloso de lo que ha logrado con el tiempo, entender lo que le ha funcionado y lo que no en el pasado, se tiene que estar consciente todo lo que ha logrado con los años, sentirse orgulloso con ello y crear un mejor futuro.

El hecho de observar atrás luego de los años transcurridos y descubrir cuanto has crecido como persona es un alivio, así puedes seguir adelante, y mejorando tus maneras tus estrategias, tus formas de hacer las cosas en el trabajo, con tus seres queridos y como tratarte a ti.

Debes aprender las fórmulas que te enseñan tus superiores, o de los cursos que tomes, pero no los recibas como si fuera la verdad universal, prueba, ve que es lo que realmente funciona para ti, que es lo que no va contigo y descubre tus propias maneras de hacer las cosas, con tu propio estilo, creando tu propia formula, con tus propias filosofías, asi realmente le darás un mayor valor a las cosas que haces y logras.

Mucha gente no es fiel a sí misma por su trabajo, dicen que van a renunciar algún día porque odian su trabajo, o su jefe, pero nunca lo hacen, no lo hacen por amor propio, lo hacen por el odio que sienten.

Por una parte, y por otra al estar tratando de enfocarse a futuro lo que deben hacer esto les estresa en mayor grado, cuando por ejemplo al estar de camino al trabajo un individuo a la vez, su mente está pensado en lo que va a hacer en el trabajo, o sea está enfocada en el futuro, y cuando están en el trabajo piensan en su camino de regreso a casa lo más rápido posible.

Es una incongruencia al mantener la mente en distintos tiempos andas emocionado y estresado a la vez, y también una ironía porque la gente constantemente está deseando pasar vacaciones a raíz del peso de su trabajo pero cuando se encuentran en el trabajo solo piensan en las vacaciones, pero cuando toman sus vacaciones su mente está pensando en el trabajo, muy contraproducente para las energías del cuerpo.

Mejor estar presente, y enfocarse en una sola cosa, cuando estas de camino al trabajo te enfocas en el camino, no en el trabajo, cuando estés en el trabajo enfócate en el trabajo, cuando pases tiempo con tu familia enfócate en darles tu mayor atención a ellos.

No disperses tu atención en el futuro o en varias cosas a la vez, eso fatiga las energías y el humor, haciendo que uno logre poco de lo que ambiciona tener en su momento.

Procura trabajar también por lo que tú quieres, en lo quien quieres convertirte, en lo que quieres lograr, en las habilidades que quieres fortalecer, en las disciplinas diarias que con cada paso te hacen llegar más lejos.

Porque si no lo haces alguien más escogerá todas esas cosas por ti, y como no son cosas que provienen de ti no terminaran funcionando en tu vida, y podrían llevar a la ansiedad o depresión.

El trabajo inteligente se desarrolla al enfocarte con aprender nuevas cosas, nuevas maneras de lograr, nuevas creencias que se acomoden a la suyas implementarlas y acomodarlas a tu ser, pero solo funcionará si te apropias de ellas y las haces tuyas, permitiéndote crear nuevas estilos y estrategias a preceder.

En los últimos tiempos hemos sido expuestos a fórmulas para ser más productivos y dejar de ser tan flojos.

La manera que se desenvuelven las personas ha cambiado mucho en los últimos años, y cada vez más con el avance tecnológico.

Por el simple hecho de que el factor tecnológico haya engranado en la ecuación de nuestras vidas y por ende en el ámbito laboral, este logró un cambio global en los negocios, todo ocurre de mejor manera y más rápido.

Ahora todos quieren que las cosas se hagan más rápido y de ser posible con el máximo número de detalles posibles, gracias a la tecnología.

Se ha aumentado la productividad, el consumo, y la satisfacción a nivel mundial, un simple aparato ha hecho que nuestras vidas hayan cambiado en casi todos sus aspectos.

Por obvias razones la manera en que se hacen las cosas ahora son muy diferentes a como eran antes.

Los trabajadores han logrado hacer más con esta herramienta, ahora tienen mayores facilidades, lo que nos lleva a que estos cambios no solo nos han hecho avanzar sino que debemos aprender a adaptarnos cada vez más rápido, en un mundo en el que al parecer está enfocado al consumo masivo.

Se presume que como estados conectados mediante internet durante todo el día, en el ámbito laboral, los jefes, las personas de rango superior, aquellas que están a cargo de nosotros tienen un control mayor en nosotros.

Ahora pueden estar en contacto contigo en cualquier momento de manera instantánea, lo cual es útil, pero, ¿Hasta qué punto?

Se puede observar que también la presión laboral está en aumento por el hecho de que estemos tan conectados, dependiendo el trabajo que tengas, puedes sacar tus propias experiencias respecto al asunto.

Pero hay personas que ahora, viven con mayor presión laboral al estar controlados de una manera ilimitada a sus superiores, es como que la disponibilidad ha perdido límites, ahora hay trabajos en el que los de la clase proletaria deben estar atentos al teléfono todo el día para acudir a sus obligaciones ¿Qué quiere decir esto? Que irónicamente hay trabajadores que en lugar de tener mayor libertad de decisión la están perdiendo cada vez más por la interconexión instantánea, ahora es una obligación contar con ella, el que se maneja sin las tecnologías actuales, es considerado por los demás como alguien que vive en el siglo pasado de una manera que, la gente de hoy en día no la concibe como posible.

Y es verdad, hay personas que sin la ayuda del celular o computadora no pueden lucrar en sus puestos de trabajo, si, es muy útil la herramienta y nos ha hecho ganar y evolucionar de maneras impresionantes ¿Pero qué pasa con aquellos que salen desdichados por las nuevas oportunidades, o mejor dicho ahora están más sometidos de lo que estaban?

En la clase proletaria hay obreros o trabajadores que ahora son mas explotados por sus superiores, pero no ves en los medios de comunicación preocupación alguna para los que son, la base de nuestra economía.

Conocí a una persona que tenía un empleo en el banco, estaba casado y con 2 hijos, todos externamente lo miraban y parecía que tenía todo lo que alguien podría querer en la vida, un trabajo estable una familia que lo quería, tenía muchos por vivir, nadie se imaginaría que por presiones laborales, como cobrar a aquellas personas que no cumplen con los plazos establecidos y en caso de quee no pagaran el debe pagar de su sueldo, es algo que puede ponerte en una posición de mucha presión, este hombre llevaba bastantes años trabajando en ese banco, pero lo que nadie se imaginaba era que sufría demasiada presión en aquel lugar, quitándole demasiado tiempo como para pasar con su esposa y su hija, y pareciera que vive en su trabajo y solo visita a su familia durante unas horas.

Resulta que este hombre un día sufrió un ataque cardiaco en el trabajo, lo llevaron al doctor, indicando que murió por demasiada presión laboral, al final, lo único que quedo fueron su esposa y su hija, ellas quedaron sin esposo y padre que las cuidara, y que crees, en su trabajo que era en el banco ningún superior habló nada al respecto o trabajador, solo buscaron un reemplazo y aquí no pasó nada.

Hay persona que tienen muy buenos motivos para padecer ansiedad desarrollada, a veces creen que están haciendo lo correcto para las personas que aman, pero si tu vida es la que corre peligro aquí, quizá no estamos viendo como en realidad son las cosas como son.

Creemos que estamos haciendo lo correcto, que tomamos las medidas necesarias para nosotros y los nuestros, pero también creemos que por quien nos esforzamos duramente realmente les importamos, a veces no es el caso, hay momentos en los que a los superiores no les importa el bienestar del trabajador, solo quieren resultados sin importar el costo de ello, no hay un trato humano, sino uno inhumano, en el que se considera a la persona como mero recurso cuando este debería ser el fin.

El estrés en el trabajo

Hay muchos factores por el cual en el trabajo, la gente anda estresada, o con signos de ansiedad, que a la vista no son tan perceptibles realmente, un trabajador podría padecer de ansiedad y tu ni cuenta te podrías dar, ¿No han visto a las que tienen un gran éxito en las bandas, como ser los vocalistas, hay quienes tienen un éxito tremendo entre las personas, uno podría confundirse y creer que esas personas son felices y están cumpliendo sus sueños, pero luego vemos que en realidad padecía de depresión, estrés y ansiedad.

¿Pues no que ser exitoso, era símbolo de felicidad o realización personal? Pues claramente no lo es, estos vocalistas o actores que cometieron suicidio, también padecieron estrés en su trabajo, fingiendo todo lo contrario frente a todo el público.

Es por eso cuando señalo que la ansiedad, la depresión o el estrés son estados internos que muy posiblemente no logres detectar en las personas, hasta podrías creer que son muy felices por dentro cuando en realidad, son victimas de su depresión.

Por otro lado hay que tener muy en cuenta que las personas se manejan por máscaras sociales, todos llevan una para ocultar algo, como las personas que negocian, llevan mascarás internas para ocultar sus verdaderas intenciones por ejemplo, cuando observas que un hombre le ofrece hasta la luna a la chica que le gusta tan solo por recibir lo que él quiere.

Las máscaras sociales pasan desapercibidas a simple vista por eso hay veces que manejamos los conceptos erróneos al juzgar a las personas.

Entonces la presiones laborales no se pueden detectar tan fácilmente, las causas pueden ser que el jefe sea demasiado estricto al nivel de no poder aguantarlo, pero debes hacerlo porque necesitas el dinero.

La presión en el trabajo aumenta aún más con el uso excesivo del celular cuando te sobre controlan tus superiores.

Hay países que tiene situaciones económicas muy difíciles, los de tercer mundo por ejemplo.

Estos lugares por lo general cuenta con trabajos en donde la paga es demasiado baja, y por el nivel de crisis que pasa el país la gente se conforma con lo que tiene, aún por encima de su estrés por sobrevivencia.

Por otro lado al jefe no le importa tu bienestar, lo que quiere es resultados positivos para la empresa, y está dispuesto a lograrlo a costa de todo, pero seguramente en el marco de lo legal.

Si alguien no opera de manera eficaz en su trabajo, lo van a reemplazar más rápido que el tiempo que te toma pestañear, en la mayoría de los casos.

Trabajar está bien, pero que los trabajadores sean utilizados como objetos que pueden ser cambiados por otros fácilmente, los deshumaniza.

En la economía actual, se puede ver cómo la presión, el estrés, o la ansiedad están presentes en las calles, por la forma en la que los conductores, andan con estrés muy posiblemente por las presiones laborales que tiene, o también el sentimiento de insatisfacción.

Los efectos del estrés en las personas se logra observar en las calles, en los choques de autos, en las discusiones públicas, pero esos son simples síntomas del efecto causado por la forma que el sistema está direccionado.

Capítulo 9
Relaciones Interpersonales

En las relaciones que las personas van cultivando, desde su infancia, adolescencia y juventud, vas formando un patrón de como tratas a las personas, y como recibes lo que ellos te brindan.

Aprendes a como relacionarte con las personas, de la manera en la que lo haces, y ese se va volviendo como un patrón en el cual tu forma de actuar se vuelve predeterminada y tus relaciones son exactamente lo que tu atraes por cómo te haces respetar o como no lo haces, por una parte.

Por otra parte, la ansiedad suele ser causada en la infancia o adolescencia, cuando el individuo en cuestión no cuenta con las herramientas internas para manejar situaciones en las que necesita ayuda por ejemplo.

¿Cómo alguien puede manejar situaciones sociales en los que no le enseñaron a cómo lidiar con ellos? Por lo general lo aprenden por medio de ensayo y error, haciendo que pueda progresar en sus relaciones interpersonales.

Pero la otra cara de la moneda son aquellas situaciones que el individuo, se ve incapaz de manejar los momentos difíciles en sus relaciones interpersonales, de manera efectiva, causando niveles de ansiedad iniciales, los cuales si no son manejados correctamente podrían prolongarse, llevando a un círculo vicioso en el que el sujeto en cuestión.

La ansiedad en la adolescencia se puede ver en situaciones específicas como las relaciones de pareja que a esa edad no saben cómo gestionar las situaciones en las que por ejemplo, un jovencito y su novia .se emparejan por cierto agrado uno del otro pero también por cierta presión social de su entorno, razones que hacen a la relación empezar con el pie izquierdo, uno no puede estar con alguien que en realidad no quiere realmente, y estas presiones son indicios que después dejan con ansiedad a las personas implicadas, la ansiedad es cuando aparece en estas presiones sociales, y mantener relaciones así, en realidad es perjudicial para uno mismo, lo mejor es saber qué es lo que uno quiere, y si no quiere estar en una relación o amistad, debe cortarla de raíz porque mantener ese tipo de sociedades, te afecta a ti, a tu salud, y a tus seres, queridos, por amor propio hacia ti y, hacia los tuyos, solo debes juntarte con personas que realmente te llenen, sin importar lo que digan el fulanito o la fulanita.

La ansiedad es el resultado de entablar y mantener amistades que le hacen daño al individuo, ya sea física, o emocionalmente, viene precedida por lo que la persona tuvo por educación en las relaciones por cómo se relacionaba en su infancia con las personas que lo cuidaban o criaron.

Por el tipo de personas que tu atraes es como se va a desenvolver de cierta manera tu vida, hay personas que caen en estados de bajas emociones, o andan nerviosos porque están preocupados o demasiado atentos a cómo va a reaccionar la otra persona, ¿Cómo se puede tener entablar amistades de esa índole? Si tienes que nadar preocupado por cómo reacciona una persona todo el tiempo, a la larga eso te va a afectar de una forma u otra, ya sea volviéndote parecida a esa persona o decidiendo alejarte permanentemente de gente parecida.

En pocas palabras o te vuelves como las personas con las que te juntas, o las cambias por otras con la que te generen armonía, y propósito.

Ese factor es uno de los más influyentes para que, las personas actúen de la manera en que lo hacen en sus vidas.

El efecto de la ansiedad en la relaciones, es a causa de por cómo te percibes a ti mismo, por el auto significado que te das a ti mismo inconscientemente o de manera consciente.

Se dice que cada quien recibe lo que merece, pero también es cierto que las personas reciben lo que creen que merecen inconscientemente, ya sea un resultado u otro muy distinto.

Capítulo 10
Presión Social

Cuando alguien cumple cierta edad, las personas a su alrededor, esperan de ese individuo ciertas cosas que culturalmente son aceptadas.

Como cuando alguien que cumple los 30 años, sus amigos familiares y conocidos le cuestionan cuando se va a casar, el individuo en cuestión por lo general lo siente como una presión para él, porque se entiende culturalmente que a esa edad uno ya debería sentar cabeza y casarse, siente presión porque podría interpretarlo como que ha fracasado para la sociedad por no cumplir con los requerimientos que debe tener una persona de 30 años.

Gracias a esta presión el individuo empieza a estresarse y padecer ansiedad se pregunta y se exige por la fuerza a sí mismo el buscar casarse, no por amor, sino por la presión social, porque a él le importa lo que los demás piensen de él y también en como lo perciben.

La presión social a causado estrés a una gran cantidad de personas, generando creencias que deben cumplir ciertos requisitos para ser socialmente aceptable, pero hay que tomar en cuenta que cada persona es diferente, y cada quien está pasando por momentos distintos.

Lo peor que uno puede hacer es forzar las cosas para que se hagan, primero porque esto agota al que lo hace, siempre que uno quiere usar la fuerza bruta para lograr obtener algo, y pero aun rápidamente, se va a agotar, y adicionalmente estresar.

Segundo porque todo lo que se hace a la fuerza de algún modo termina con resultados negativos, haciendo que por consiguiente se encuentre en estados de ansiedad, estrés, o algo más.

Cómo la mente funciona en su gran mayoría por las emociones y no por las razones, resulta de mayor dificultad para algunas personas obtener aquello por lo que están apuntando.

¿No te ha pasado o no has observado que cuando alguien quiere forzar un resultado, no lo termina obteniendo, se hace más complicado obtenerlo, o por si lo consigue, desprecia el resultado obtenido?

Muy probablemente lo hayas visto, y seguramente por el factor conocido como presión social, por otra parte también has observado a personas que logran lo que quieren de una manera relajada y tranquila.

Hacen lo que deben con una paz sin importarles si van a conseguir lo que quieren o no.

Hay veces que cuando ya no quieres algo es cuando lo obtienes con una facilidad notoria, cuando estas relajado y no te estresas por conseguir si o si el resultado es cuando obtienes mejores resultados.

No lo haces por presión social, no lo haces para cumplir con las exigencias sociales, lo haces porque quieres y puedes hacerlo, porque no te importa si lo vas a lograr o no, lo haces por diversión.

Estos momentos son muy curiosos en la vida, por eso es importante no exigirnos de una manera que afecte negativa a nuestras vidas, pero si una manera en la que estemos encaminados por la ruta a la que debemos recorrer, sin importar lo que digan las otras personas.

Además hay personas que son extremadamente fieles a sí mismas, al observarlos te das cuenta que han logrado cosas maravillosas en su vida, de hecho por lo general tienen una vida que la mayoría quisiera tener, lo han logrado porque realmente creen en sus principios y no los negocian con nadie, se han mantenido fieles a sí mismos sin importarles lo que digan los demás.

He conocido personas que te dicen la verdad en la cara sin temor a tu reacción y muy seguido son personas que han hecho algo que yo quise hacer, están donde yo quisiera estar, y tienen la vida que yo quiero tener, un verdadero amigo es quien quiere lo mejor para ti y te exige que seas lo mejor que puedas llegar a ser, no son aquellos que te están adulando todo el tiempo sin razón ni necesidad aparente, de ellos aléjate, los aduladores tiene intenciones ocultas en su beneficio propio y egoísta, que las esconden porque saben que serían socialmente rechazados.

Se manejan con máscaras de todo tipo frente a las personas para obtener lo que quieren, pero lo hacen escondiendo lo que son, lo hacen por razones que los benefician a ellos pero terminan arruinando de alguna manera a los que están en su entorno, los extorsionadores hay en todas partes y nadie necesita de ellos, por más que te adulen, esa es una manera barata de acercarse a las personas, y quienes las reciben por decirlo de cierto modo, se están vendiendo a sí mismos muy barato.

Son el uno para el otro.

Capítulo 11
Saturación Tecnológica

Como hemos mencionado con anterioridad, el exceso de las cosas provoca reacciones negativas en nuestras vidas, en este caso los hábitos que tenemos son los que a largo plazo dirigen nuestras vidas y nuestro destino.

Los jóvenes adolescentes, en la actualidad viven con mucha ansiedad, tienden a ser más débiles mentalmente que sus padres a su edad, y es curioso los motivos por los cuales esto sea así.

Tony Robbins un coach experto en el desarrollo personal dijo "Los tiempos difíciles generan personas fuertes, los tiempos fáciles generan personas débiles".

Y me parece que es una afirmación muy real en la actualidad, hoy en día tenemos demasiadas facilidades y atajos con la tecnología, como sirve para entretener nos desapegamos del mundo exterior para conectarnos a la pantalla virtual, y poner nuestra vida ahí.

LA ERA DIGITAL

Hoy en día es un reto encontrar personas que ´puedan vivir sin las herramientas digitales que la verdad sea dicha nos ha facilitado la vida.

Hay personas que con la ansiedad que experimentan logran encontrar un escape a sus estados emocionales con el entretenimiento digital, para relajarse y olvidarse de todo, es válido utilizar la tecnología como estrategia de relajación.

Pero cuando una persona es apegada a esta clase de medio de entretenimiento de manera exagerada, se desconecta de la realidad, se aleja de las experiencias que ha de vivir, en pocas palabras, de algún modo se está privando de vivir la vida.

La tecnología se ha vuelto un escape de la realidad para muchas personas con la consecuencia de que se están olvidando de ellas mismas y se enfocan únicamente en el entretenimiento como estilo de vida.

Hay personas que están pegadas a sus celulares en todo momento, y no lo pueden dejar, no conciben ir a cualquier lugar sin el celular, hacer eso les causaría mayor ansiedad que estar con el celular.

La realidad es que cuando nos descubrimos a nosotros mismos dependiendo de algo o de alguien, estamos con el 50% del problema solucionado, porque saber en primer lugar cual es el problema te ayuda a saber hacia dónde debes dirigirte para solucionarlo.

La ansiedad es como un indicador que nos señala que debemos hacer algo al respecto, no es nada raro cuando alguien pasa demasiado tiempo con la tecnología que empieza a sentir ansiedad, posiblemente por la falta del contacto humano, o por falta de cumplimiento de responsabilidades, o por el simple hecho de vivir la vida.

Hay gente que se esconde detrás de su tecnología de los "peligros sociales" como medio de protección, se ha vuelto como escudos para evitar el contacto social, alejarse de ello, evitarlo y así no conectar con los demás haciendo que el individuo se aísle de su entorno, perdiendo el contacto con él, haciendo que a largo plazo se sienta solo, con depresión o ansioso.

Teniendo en cuenta que las habilidades sociales, se mejoran valga la redundancia socializando, conociendo a nuevas personas.

Entonces por otro lado la tecnología ha hecho que podamos conectarnos con personas de diferentes países, pero también ha hecho que nos alejemos de las que están cerca de nosotros.

En este sentido hay que observar a los padres y en la manera en la que educan a los hijos, ya que un adolescente se cuida de su entorno, con las tecnologías así evitando todo contacto que le pueda hacer daño o lastimar.

Los padres deben ser conscientes de estos factores que provocan ansiedad a los adolescentes, ya que no son conscientes de las consecuencias en la gran mayoría.

Pero también cada uno hacerse responsable de lo que consume y al final en quien se está convirtiendo.

Desde otro punto de vista la tecnología a cambiado mucho la forma en la que trabajamos, en el pasado la forma de operarse en los puestos laborales, eran muy distintos a la manera en que se hace ahora.

Antes uno en su trabajo debía ir a su puesto de trabajo, de ser el caso coordinar algunas cosas por teléfono y luego cerciorarse de que se cumplan las cosas a tiempo, en ese transcurso de tiempo, podían ocurrir contratiempos que eran inevitables.

Por ejemplo si tu contratabas a un camión para que transporte tus cosas a otro lugar, el camión lo hacía, y cuando estaba de camino al punto de descarga, ocurría que el trafico está lleno, lo que hacía que el camión se retrasara unos 30 minutos, tú le llamas para consultarle el motivo del retraso, y el conductor lo explica para aclarar la situación. Y como era inevitable toca aceptar el atraso y listo.

Ahora con la existencia de los teléfonos inteligentes y utilizando el mismo ejemplo la diferencia, es que el conductor ya no tiene excusas para atrasarse, el control que se tiene sobre los trabajadores es completa, ya que puedes tener la ubicación de la persona, el jefe puede presionar más a sus trabajadores incluso cuando no están en el trabajo, el control se ha aumentado, y se ha vuelto más restrictivo.

La tecnología ha ayudado mucho en las formas en que realizamos las cosas, pero también con el manejo inadecuado, se provocan problemas personales a las personas cuando no utilizas la tecnología de una manera inteligente.

Se ha perdido la intimidad que uno tiene, con la existencia de las nuevas tecnologías, es un factor que no está a la vista, pero que se siente y se vive cada día.

Curiosamente esto es algo de lo que las personas no hablan, lo tienen por sentado, o no son conscientes de ello, el estilo de vida ha cambiado en los últimos tiempos, ha avanzado de tal forma que estamos a merced de los nuevos avances tecnológicos.

Ya no cambiamos a la tecnología, sino que ella nos está cambiado, es esencial adaptarnos a los cambios que están ocurriendo en el mundo, ya que, en la historia de la humanidad en ser humano ha sido, en todo proceso de cambio el fin y no el medio por el cual se llega a un fin.

En este caso la tecnología es el medio para llegar el cambio y el ser humano llega a ser el fin de todo proceso.

Capítulo 12
Ansiedad educacional

Las universidades y colegios son parte el sistema educativo en el cual la gran mayoría de personas recurre para formarse, educarse, titularse y así obtener un empleo.

Se nos ha enseñado desde casi que hemos nacido que hay un sistema en el mundo por el cual debemos pasar para así sobresalir, para que nos vaya bien en la vida, para que todo marche bien.

Este sistema que está preestablecido para todos a nivel mundial, es algo por lo que todos "debemos o "deberíamos" pasar.

Y cuando se enseña esto, el niño al recibir información de algo o se le dice algo y repetidas veces, se le queda grabado de una manera potente, digas lo que le digas a un niño, ya sea positivo o negativo, se va a quedar con él con mayor potencia, a que se lo digas cuando sea adolescente y joven.

O sea que los niños son mucho más sensibles a las improntas.

Y como a la mayoría se les inculca las reglas del sistema ellos por naturaleza acatan aunque veas a niños y niñas no queriendo ir al colegio, siempre es por algo que ocurre ahí, si los hijos de alguien van al colegio y detectas que al recogerlos ya no son tan sonrientes como antes, los ves más callados, menos alegres, más sumisos, cuando atestiguas que se niegan a ir al colegio es porque los maestros no cumplen con su responsabilidad de la manera adecuada, o porque otros compañeros de aula se la pasan molestando a otros, haciendo que muchos niños y niñas quieran evitar el colegio.

Se les va la felicidad que tenían antes, ahora duermen más de lo que hacían, están más callados, les da miedo contar a sus padres lo que ocurre en su colegio por miedo a que sus padres les riñan a ellos, en lugar de castigar a la persona que está causando el daño, suena triste pero como dije antes, ¿Desde cuándo la razón tiene mayor poder que la emoción?

Es así como padres e hijos están condicionados para que cumplan su rol en el sistema.

Y no son capaces de percatarse de ello porque para ellos es normal, y así va un infante avanzando en su etapa escolar, en donde no se evalúa como están aprendiendo los hijos, cómo lo hacen, no evalúan si lo que están aprendiendo les va a ayudar a ser autosuficientes.

Porque para eso está el sistema educativo ¿no? para enseñar a los hijos cosas que los padres no saben con el tiempo que no tienen. Para eso uno está pagando por la educación de sus hijos.

¿O se espera que el padre le deba enseñar todo? En parte sí, pero sabemos que hay muchas figuras paternas ahí afuera que no pueden o no saben enseñar lo que deben enseñar a sus hijos porque ellos no fueron enseñados ¿Cómo un padre le va a enseñar a su hijo a tocar instrumentos si el no a tocado uno en toda su vida?. Por eso la gente paga para que formen seres humanos de valor, de éxito que hagan un bien al mundo ¿no?

Pero lo que vemos es a adolescentes que sufren de depresión, porque sufrieron acaso escolar de parte de sus compañeros o del "profesor".

Profesores que en su mayoría, no les interesa enseñar a los hijos, solo van a cumplir y a recibir su lo que es su parte.

La educación para niños y adolescentes

¿Cómo le llamarías? que un chico, hoy siente que aprende más en el YouTube que estudiando en el colegio y asistiendo a la mejor Universidad.

¿Cómo le llamarías? a las instituciones que te enseñan, 12, 14 o 18 materias y después de estudiar catorce años de tu vida nunca te enseñaron a comer, a respirar, a dormir. ¿Cómo le llamarías? a una generación que estudia 5 años, se gradúa, y no saben hacer nada. ¿Cómo le llamarías? A una educación que los chicos que sales de una preparatoria y no saben usar correctamente el Excel. ¿Cómo le llamarías? A maestros realmente no les gusta lo que hacen, no les agradan sus alumnos y no tienen interés a enseñar con el corazón. ¿Cómo le llamarías a instituciones que enseñan por semana a una persona, 6 horas de ciencias matemáticas por semana, y les enseñan casi nada de competencias blandas y habilidades prácticas para la vida. ¿Cómo le llamarías? a que solo el 3% de los maestros en el mundo saben atender situaciones de bullying.

Según estudios en Corea del Sur el 50% de los estudiantes universitarios tienen pensamientos suicidas, en una universidad de Nueva York en donde a una cuadra hay un puente, tuvieron que cubrir todo es puente, porque luego de los exámenes finales los chicos se lanzaban. Pero nadie dice nada.

La Organización Mundial de la Salud tiene detectado 1.200 suicidios al año por el sistema educativo. Porque la presión del padre es demasiada para el chico, la presión escolar o universitaria es mucha para el chico, el profesor en muchas situaciones entra en acoso psicológico en el chico, con lo que al chico lo sacan de la universidad porque reprobó, y el tipo se mete una bala en la cabeza.

Se presume a nivel mundial que la educación es la única forma de acabar con la pobreza, la falta de progreso y la corrupción.

Un padre presenció cómo su hija de 16 años que estuvo en el hospital por 7 meses, padecía problemas de acoso escolar psicológico, y solamente porque la hicieron creer que ella era una mala persona porque reprobaba siempre matemáticas.

Hay ocasiones en las que los padres, aunque sea una cantidad mínima de ellos reclaman de que sus hijos que están por graduarse nunca les enseñaron a usar una tabla de Excel.

A los estudiantes nunca se le ha enseñado a gestionar sus emociones.

Y hay mucha gente que dice "ese es trabajo del papá, ese es trabajo de la mamá". En ese caso se podría comprar la educación en los colegios y en las Universidades, claro como no existe la materia del manejo o gestión de las emociones en el sistema educativo no tiene sentido.

¿Quién le enseñara a los hijos sobre cómo gestionar las emociones? Porque menos del 7% de los papás en el mundo saben gestionar emociones.

El 93% de las familias no saben enseñar lo que en realidad necesitamos enseñar, en ese sentido no deberíamos decir que ese es trabajo que debe hacerse en casa. Porque tu no le puedes pedir a un papá que le enseñe a ser un líder a su hijo o a ser emprendedor, si a él nunca le enseñaron.

Para eso los padres pagan y por eso envían a sus hijos a instituciones educativas, para que hagan grandes seres humanos.

Aprender a trabajar en equipo, a ser disciplinado, a gestionar un proyecto, a comunicarte, a hablar en público.

¿No es increíble que tú estudies 12 años de tu vida y nunca te enseñen a hablar en público? ¿Acaso no es necesario? ¿No es necesario que los niños tengan una clase de comunicación asertiva en una Latinoamérica donde el problema número uno de todos nosotros, es que no sabemos comunicarnos, y por eso empiezan los problemas, no aparecen los resultados, porque simplemente no sabemos comunicarnos.

El 80% de nuestros problemas son de comunicación, porque no fuiste claro, específico, explícito, o no te diste el tiempo, o no le preguntaste al que te escucha si te entendió o no, o porque supusiste una cosa y dijiste otra, pero no enseñamos comunicación afectiva a los hijos.

Está probado que la gente experta en matemáticas casualmente no son los más felices.

Presiones Académicas

El sistema a preestablecido un camino por el cual las personas pueden salir adelante en la vida, es un proceso que toma años a quienes recorren en él, es por eso que invierten sus años en este proceso para lograr el éxito.

Pero debemos tomar en cuenta que muchas instituciones educativas, no toman las medidas necesarias para que lo estudiantes salgan adelante, hay veces en las que se ha observado que, maestros cualificados han generado mayores ansiedades y casos de estrés en los alumnos.

Ya sea por sobre exigencias, mal trato, o acoso psicológico, haciendo que el estudiante termine perjudicado psicológicamente.

Puede generarse a causa de un maestro que causa algún tipo de abuso verbal a los estudiantes, estas formas hacen sentir como inútil a los estudiantes generando estrés o depresión.

Yo he visto como maestros o licenciados pisoteando verbalmente a sus alumnos por no saber ciertos conceptos específicos, y esos abuso no tuvieron ningún insulto, pero si intenciones de hacer daño al estudiante.

Esto en realidad no ayuda al estudiante, lo perjudica en su aprendizaje, psicológica y emocionalmente.

Al hacerlo sentir mal, el estudiante es sugestionado de manera negativa

La ansiedad por otra parte viene cuando un estudiante por ejemplo no sea bueno en las matemáticas o ciencias, y debe sí o sí saber de ellas porque en caso contrario va a avanzar de grado.

En el colegio para alguien que no sabe muy bien de matemáticas puede resultarle un poco difícil hacerlo.

El problema viene cuando ya llegado a educación superior de la universidad, por la carrera que escogió le toca estudiar matemáticas de nivel elevado, ahí es cuando surge el problema de ansiedad.

El chico o chica decidió por una carrera que le gusta, pero para lograr la meta de graduarse antes debe aprobar los curso de matemáticas avanzadas, la situación es que este chico o chica por más que lo intente no logra aprobar dicha materia, así que reprueba, entonces vuelve a cursar pero como no es relativamente bueno con las matemáticas entonces vuelve a reprobar, así impidiendo que esta persona logre titularse de la carrera que siempre quiso.

Pero la persona insiste en aprobar la materia aunque lo intente con muchas ganas ella no es buena para las matemáticas, haciéndole perder meses o años de su vida, en algo que probablemente no va a lograr.

La ansiedad generada por el fracaso de algo en lo que no se es bueno, es gradual para los estudiantes, generando estrés o depresión, en la persona, luego se termina culpando por fallar, se señala a sí mismo por reprobar en algo en lo que nunca fue bueno.

Pero estos casos son muy recurrentes para muchos estudiantes, en Latinoamérica, Albert Einstein dijo: «todo el mundo es un genio. Pero si juzgas a un pez por su capacidad para trepar a un árbol, vivirá toda su vida creyendo que es estúpido».

El sistema educativo funciona de esta manera para mucha gente, haciéndola creer que es estúpida por algo en lo que nunca fue bueno.

Este en efecto genera ansiedad, depresión, estrés para los estudiantes que padecen estos casos, casos de los cuales no se habla mucho ni son expuestos en tela de juicio, cosa que sería de gran utilidad para aquellas personas que viven estas circunstancias y se sienten impotentes.

Cómo sabemos las emociones causan acciones que al final terminan con resultados, y en este caso de la ansiedad o el estrés, pueden llegar al suicidio si el caso es muy grave.

Según estudios, el 28% de estudiantes tiene pensamientos suicidas, el 24,9% indica riesgo suicida y el 15,3% ha planeado hacerlo.

Es extraño que cosas así ocurran en el mundo y no se esté haciendo mucho al respecto, sabiendo que los trabajadores son la base de la economía y los jóvenes son el futuro de su país.

En un mundo en el que estamos regidos por sistemas preestablecidos, en los cuales como fueron predeterminadas las nuevas generaciones actúan en consecuencia a ellas, sin cuestionarse si esto es bueno realmente para uno o no.

La realidad debería ser que luego de haber pasado por el sistema educativo según todas sus condiciones, hayas podido adquirir habilidades que, te permitan conseguir un buen trabajo, seas un profesional realmente preparado para la vida, y luego de años educándote logres lo que te propones.

Pero a menudo vemos como hay estudiantes que estudian para ser abogado, y luego de haberse titulado no logran conseguir el empleo, o no les va bien en su profesión, lo que les hace trabajar en puesto laborales que no tienen nada que ver con su rubro, a parte de que es muy probable que no obtengan un buen sueldo.

Ahí muchas veces se cuestiona la persona, si realmente ha valido la pena tantos años de estudio para lo que tiene ahora, ¿No se supone que ir al colegio y a la universidad te prepara para que seas un profesional de éxito? Y de ser aso ¿Por qué no estoy logrando lo que se supone que debería lograr?

Hay muchos profesionales titulados, que ya no les es suficiente con solo titularse, para el mundo competitivo de hoy en día, necesitan más, y nuevas formas de enseñanza que realmente les haga conseguir resultados que sean palpables.

No es de extrañar que en la sociedad se detecte índices de ansiedad y estrés bastante altos en muchos casos.

Es por estos motivos que vivamos en una generación en la que la ansiedad se vuelve parte de la normalidad, no es el único factor pero si influye en gran medida a nuestro entorno social, y su desarrollo

Capítulo 13
Trastornos de Ansiedad

Los trastornos de ansiedad son un grupo de condiciones mentales que se caracterizan por sentimientos intensos de ansiedad, miedo o preocupación que pueden interferir significativamente con la vida diaria de una persona. Hay algunos que debes conocer que son básicos:

Trastorno de ansiedad generalizada (TAG): En este trastorno, las personas experimentan preocupación y ansiedad crónicas sobre una amplia variedad de situaciones y problemas, como la salud, el trabajo, las relaciones interpersonales, entre otros. Esta preocupación es difícil de controlar y puede estar acompañada de síntomas físicos como tensión muscular, fatiga, irritabilidad, dificultad para concentrarse y problemas de sueño.

Trastorno de pánico: Las personas con trastorno de pánico experimentan ataques de pánico repentinos e intensos, que son episodios de miedo intenso o malestar acompañados de síntomas físicos como palpitaciones, sudoración, temblores, sensación de falta de aire, dolor en el pecho, náuseas y mareos. Estos ataques pueden ocurrir de manera inesperada y pueden llevar a un miedo persistente de tener otro ataque de pánico.

Se ha visto estos casos cuando una persona debe hablar en público frente a mucha gente, y en pleno acto se traba o se pone muy nerviosa haciendo que la ansiedad lo carcoma por dentro.

Trastorno de ansiedad social (TAS) o fobia social: En este trastorno, las personas experimentan un miedo intenso y persistente a situaciones sociales o de rendimiento en las que puedan ser evaluadas o juzgadas por los demás. Esto puede incluir hablar en público, conocer gente nueva, comer o beber en público, o realizar actividades cotidianas mientras otras personas los observan. El miedo a la humillación o el rechazo puede llevar a la evitación de estas situaciones.

Trastorno de ansiedad por separación: Este trastorno se caracteriza por un miedo excesivo o inapropiado a estar separado de personas a las que se está emocionalmente vinculado, como padres, cónyuges o hijos. Las personas con este trastorno pueden experimentar una ansiedad intensa cuando están separadas de estas personas, lo que puede manifestarse en síntomas como pesadillas, dolores de estómago, llanto excesivo o dificultades para ir a la escuela o al trabajo.

Trastorno obsesivo-compulsivo (TOC): Aunque técnicamente no es un trastorno de ansiedad en sí mismo, el TOC involucra patrones de pensamientos obsesivos y comportamientos compulsivos que pueden estar relacionados con la ansiedad. Las obsesiones son pensamientos, imágenes o impulsos no deseados y recurrentes que causan ansiedad, mientras que las compulsiones son comportamientos repetitivos que una persona realiza para aliviar la ansiedad asociada con las obsesiones.

Estos son solo algunos de los trastornos de ansiedad más comunes, pero existen otros, como el trastorno de ansiedad inducido por sustancias, el trastorno de ansiedad debido a una condición médica, y el trastorno de ansiedad específica, entre otros. Es importante recordar que los trastornos de ansiedad son tratables y que la ayuda profesional, como la terapia cognitivo-conductual y, en algunos casos, la medicación, puede ser efectiva para manejar estos trastornos y mejorar la calidad de vida de quienes los padecen. Si alguien está experimentando síntomas de un trastorno de ansiedad, es fundamental buscar apoyo de un profesional de la salud mental.

TRASTORNOS RELACIONADOS

Cada vez que vemos en nuestra vida o en la de los demás, sabemos que compartimos ciertos patrones de comportamiento socialmente aceptables, que nos guían a relacionarnos de maneras socialmente aceptables.

Hay quienes esconden sus emociones, ante todos, y no lo hablan, quiero dar un ejemplo actual de un actor famoso, ya que considero a él como gran ejemplo.

Este actor llamémosle Rick, es un hombre famoso, que tuvo éxito, él se casó, y tuvo una familia, pero Rick tenía un secreto, tenía un hábito que según él, no le afectaba, ni le hacía daño, el veía películas tres x, era adicto a ello, era incapaz de dejarlo, aunque haya formado una familia, hay tenido éxito y sea muy conocido.

Rick consideraba que el gusto por esas películas en realidad no afectaba a nadie, mientras él estuviera bien, entonces no había nada de qué preocuparse.

Pero Rick sabía por dentro que lo que hacía no le estaba haciendo ningún bien, peor aun cuando se cae en dicha adicción.

Un día su esposa descubre su secreto, desconociendo por completo a su marido.

Rick nunca había hablado de su adicción con nadie, lo tenía guardado, por el miedo a que la gente lo juzgará, pero el miedo es como una bola de nieve que si no se hace algo al respecto, cada vez se hace más grande y aún más grande cada vez.

Su silencio fue el que hizo que casi se divorciara, porque el tenía ese miedo a ser expuesto y juzgado, como dijimos, las cosas que escondemos y que sabemos que nos influyen negativamente, mientras mayor sea el periodo de tiempo que lo escondamos, en un tiempo siempre se va a terminar sabiendo, de alguna forma u otra.

Entonces Rick, destruido por dentro, y gracias a que su mujer lo dejó y se fue de la casa, él se declaró a sí mismo que iba a hacer algo definitivo para su adicción.

Entonces con el coraje dentro de él fue a terapia y empezó a hablar abiertamente de su adicción, observó que cuando exponía a la luz aquellas cosas que son malas para nosotros, hablamos de lo que nos da más terror, a las personas, es cuando se dio cuenta de que ese temor a ser expuesto, ese miedo a que lo juzgarán, a que lo rechazaran socialmente, en realidad era más pequeño de lo que creía.

El hecho de haber tomado una decisión importante, entrado en terapia, y exponer sus miedos a los demás lo hizo crecer como personas, luego de un tiempo logró eliminar su adicción a ver películas tres equis.

Él lo hizo porque pasó algo en su vida que no era negociable para él, perder a su esposa, ocurrió algo que le hizo decir ¡Hasta aquí! Y por ello la recuperó.

Incluso este tema lo hablo en las redes sociales grabándose el mismo, dando su testimonio de que aquello que se tiene en las tinieblas, con el pasar del tiempo se hace más grande y el miedo se hace mucho más grande hasta volverse gigante, solo cuando lo enfrentamos y empezamos a hablarlo abiertamente, ese miedo pierde su tamaño y hasta su existencia, él lo hablo en las redes frente a millones de personas, con orgullo, de su desarrollo personal y es una historia que ayuda como referente para nosotros, su mensaje es simple y claro, y con el ejemplo demuestra que es posible eliminar las adicciones que tienen las personas, para mejorar como personas.

Estas adicciones, hacen caer a las personas en trastornos emocionales que parecieran que no nos afectan, que el placer inmediato no va a cambiar nada en nuestras vidas, es una cortina de humo, que en realidad hace que las personas pierdan su trabajo, su pareja y su vida.

Cuando los miedos se apoderan de uno, y lo esconde, el temor poco a poco se hace mas grande para la personas, en su interior está perdiendo la batalla consigo mismo, y eso termina por afectarle en su mundo exterior. Cuando una adicción está afectando su vida en el exterior, es cuando el temor a enfrentarlo se ha hecho inmensa, incluso más grande que él.

Pero el proceso es que cuando alguien empieza a ver que las adicciones están afectan a su vida, hay una gran probabilidad de que ocurra algo que le haga decir ¡Basta, hasta aquí! Ya sea que tu pareja te deje, te despidan de tu trabajo, algún familiar te haga abrir los ojos.

Todo lo que hacemos nos afecta a nosotros y a nuestro entorno, el tiempo no pasa en vano, y lo que sembramos, siempre lo veremos cosechado, quizá no en un día, en un mes, o en un año, pero algún día lo veremos como resultado en la cosecha que sembramos, como aquello que creamos.

Las cosas que uno tiene, y ha logrado son las cosechas que alguien hizo en el pasado, pregúntate ¿Qué estás cosechando actualmente? ¿Consideras que aquello en lo que estás sembrando va a hacer un bien en tu vida? Y de no ser así ¿Por qué lo estás haciendo en realidad?

Los trastornos que son semejantes a la ansiedad, el estrés, o la depresión, son a causa de muchos factores que en el pasado fueron activados, y es muy probables que no haya sido consciente de ello, pero las activó.

Al hablarlo y compartirlo con aquellas personas que consideramos de confianza, puede ser un buen primer paso para eliminar, los miedos, las ansiedades las tristezas.

Exponer al fuego lo indeseado, lo empequeñece y lo incinerará creando una nueva oportunidad de crear algo nuevo y mejor en la vida del sujeto.

TERCERA PARTE

ESTRATEGIAS Y SUPERACION DE LA ANSIEDAD

Capítulo 14
Estrategias de Gestión Adaptativo

Las emociones negativas, las adicciones, los malestares emocionales, muy a menudo son a causa de que permanecen en el anonimato, en la oscuridad, nadie sabe ni nadie supo.

Por motivos tan sencillo como el no conversarlo es que permanecen en la vida de las personas.

O por no ser fiel a uno mismo, ni con su filosofía de vida.

Técnicas para manejar la ansiedad

Pero no debe ser así, escondiendo las cosas al final nadie las encuentra y quedan en el olvido, están presentes, pero ya fueron olvidadas.

Es dejar pasar los conflictos en este caso internos vivir con ellos, olvidarse, siguen ahí claro, pero actúas como si no estuvieran.

Para manejar la ansiedad, se necesita de gran valor, para reconocerlo, tener muy en cuenta de los motivos por los cuales uno se encuentra en esa situación, pero no solo eso.

Si llegado a ese estado es por la acumulación de malas decisiones conscientes o inconscientes durante mucho tiempo, como dijimos antes, la ansiedad es como un indicador de que debes hacer algo para cambiar lo que está mal en tu vida, y mientras más rápido lo cambies mejor.

Debes empezar a crear rutinas para ti que te hagan conectarte contigo mismo, para hacerlo debes alejarte de todos los que ocupan tu valioso tiempo y conectarte contigo.

Hemos visto muchas causas que generan ansiedad en las personas, y en mayor o menor grado perjudican de muchas maneras, como ser de manera física, psicológica y mental.

Hemos observado como en el ámbito del estudio y del trabajo surgen estas emociones de ansiedad, depresión y estrés, es debido al trabajo en exceso con pocos resultados, o al abuso de la multitarea.

La depresión no es algo que surja de la noche a la mañana, sino que está surge por la acumulación de malas disciplinas diarias que en su conjunto, y mantenidas por un largo tiempo es como surgen estas emociones.

Nuestro entorno no está hecho para que detectemos las cosas malas que ocurren a nuestro alrededor, o a nosotros mismo de manera consciente.

Lo cual nos induce a que nos termine afectando o infectando de un modo u otro, al final sin que uno se dé cuenta termina salpicado de todas las cosas negativas que están a su alrededor.

Por eso cuando veas que las cosas no te están funcionando como quisieras cámbialas, no te paralices, se rápido porque se trata de ti y de tu vida, no lo sobre analices, se rápido cuando detectes malas señales, aléjate de ellas no permitas que te alcancen.

Decide lo que es mejor para ti con lo que sabes, con lo que aprendes, y con lo que haces, crea tu propio estilo para tu vida para desenvolverte en el mundo, se original, porque en caso de que no lo hagas a tus maneras absorbiendo a través del aprendizaje continuo, terminarás donde no quisieras estar, siendo infiel a ti mismo.

Tratar de hacer feliz a todo el mundo te va a hacer infeliz a ti, es mejor ser odiado por ser quien eres que amado por algo que aparentas, así sabrás donde es tu lugar y con que personas.

En donde uno más encaja es en donde no necesita esforzarse por agradar al otro, todo lo contrario hay una armonía mutua, haciendo sencilla las relaciones o asociaciones, es en donde se puede ser uno mismo, y pueden crear algo en conjunto.

Las mejores asociaciones son aquellas que crean algo o hacen funcionar algo que es como el propósito de los asociados.

Por eso se honesto contigo mismo, aprender a saber quién eres, que es lo que quieres y a donde te diriges.

No persigas los sueños de otros, no copies las metas de los demás, crea tus propios sueños y tus propias metas, no vaya a ser que en 5 años te des cuenta de las metas que te propusiste, no son lo que tu querías en realidad, sino que por copiar a los demás hayas realizado cosas que no provienen de ti si no de los otros.

No seas un copiador de sueños, se un creador de sueños, de filosofías propias, aprende de los demás pero saca tus propias conclusiones.

No seas un fanático de algo, se un conocedor de todo un poco.

Recuerdo cuando caí en el grave error de que por enfocarme en querer que un amigo logre sus metas y sueños yo olvide las mías, lo mejor que pude haber hecho era aprender lo mejor de él y seguir mi camino como conocedor de todo.

Que las ambiciones de los demás no te absorban todo lo que tienes, que no te quiten tu tiempo, tu energía ni tu atención, todo eso es tuyo y dependiendo de cómo lo utilices es como se desenvolverá tu vida.

Cuando inviertas tu tiempo en nuevas experiencias siempre pregúntate si esto que vas a hacer es la meta o sueño de alguien más, o acaso es tuya.

Las personas que saben lo que quieren tienen mayor capacidad de hacer que los demás los obedezcan, hay quienes prefieren solo hacer, pero pocos se toman en serio el trabajo de pensar más duro.

Debemos tener en cuenta que muy a menudo, si nos descubrimos a nosotros mismo con ansiedad por pensar en el futuro, probablemente sea porque nos sobre exigimos demasiado o quizá creemos que no estamos logrando mucho en la vida, o que esperábamos más, nada peor que sentir pena por uno mismo, esto lo hace triste, y como está preocupado por el futuro también padece de ansiedad.

Pero tomate el tiempo para revisar todos los logros que has tenido el años pasado ¿Qué has logrado? De seguro has hecho cosas de las que te sientes orgullos y viéndolo ahora son logros de los que sentirse orgulloso.

Piensa en tu vida como fue hace dos o tres o cuatro o cinco años, piensa en todo lo que has logrado, en todo lo que dejaste atrás para mejorar, piensa en quien eras en todo ese tiempo, y como has cambiado hasta ser quien eres ahora.

Verás que con el pasar de los años has logrado y has crecido como persona.

Una persona que afirma padecer de ansiedad es porque está preocupada por el futuro, porque tiene miedo de lo que va a ocurrir, porque se estresa enfocándose si las cosas van salir bien, pero tiene ansiedad porque en realidad duda de si misma, en ligar de enfocarse en lo que tiene se enfoca en cosas que aún no han pasado.

Pueden ser muchas razones pero el punto es que su atención la tiene en lo que podría ser, las posibles cosas malas que podrían ocurrir y se imagina constantemente y hasta quejándose de las cosas que son posibles que ocurra.

Lo malo es que la energía se termina desvaneciendo al enfocarse en el futuro, en cosas que, de seguro no van a pasar.

Las mayores preocupaciones que tienen la mente nunca terminan ocurriendo. Nuestros cerebros tienden a montar una falsedad haciéndonos creer que cosas malas van a ocurrir, preparándonos para el peligro, un peligro que es solo una ilusión, pero estamos ahí como si fuéramos a enfrentarnos a algo o alguien, el instinto de supervivencia aparece, todo gracias a que nuestra mente se ha enfocado en un futuro que de seguro no va a pasar.

Estamos simplemente reaccionando a suposiciones y estresándonos con nosotros mismos, ya no es el entorno ni las personas sino nuestra propia mente.

Por eso, no te creas todo lo que te diga tu mente, mantente enfocado en lo que ocurre no te adelantes por meras ilusiones.

Así que cuando te encuentres preocupado he invadido con ansiedad o nervios por creer que no estas logrando nada ahora, tomate un momento para observar todo el camino que has recorrido, observa cómo has superado todos esos obstáculos.

Capítulo 15
Los Vínculos entre Salud Corporal y Ansiedad

El trastorno de la ansiedad parece que a tomado mayor fuerza en los últimos años, incluso me atrevería a decir que se a puesto de moda por alguna razón.

Este trastorno es una señal que puede dar al cuerpo como una forma de comunicar que el individuo se encuentra en peligro, o que se acerca el peligro, sea cierto o no, la forma en la que se lo toma el individuo es como percibe el mundo, y siente por cómo cree que son las cosas.

La ansiedad es una señal que te da el cuerpo indican que algo malo podría ocurrir, o está ocurriendo, y lo que quieres es evitarlo a toda costa por el bien de su supervivencia.

Pero la ansiedad no tiene la razón en todas las, veces, porque alguien podría sentirlo antes de una exposición frente a una gran cantidad de personas, la persona siente ansiedad antes de hablar en público, siente que corre peligro, siente que su vida corre peligro, aunque no sea así,

Entonces la ansiedad te da señales de peligro, pero en los contextos equivocados lo que hace es perjudicarnos en nuestras actividades del diario vivir.

El significado el que individuo le dé a las situaciones puede ser por causas hereditarias, malos recuerdos personas, malas experiencias por las razones equivocadas. Por eso hay tantos malentendidos que no salen a la luz, y como no salgan de la luz se quedan en oscuridad sin ser expuestos y superados.

El vínculo entre mente cuerpo

He escuchado en muchas partes que el cuerpo es el reflejo de la mente, pues como es de sano tu cuerpo igual será tu mente.

Nuestra representación física se expresa del modo en el que nos encontramos mentalmente y por consiguiente emocionalmente.

El rostro de las personas son el reflejo de lo que tienen en el corazón, los gestos que hacen o no hacen señala lo que lleva por dentro.

Tal es el caso que personas que padecen ansiedad de jóvenes por mucho tiempo, cuando son mayores, se ven más viejos de lo que su edad indica.

No es en vano que el estrés, la ansiedad, o la depresión prolongados, puede afectar físicamente a la persona.

Si quieres mantener tu salud física por mucho tiempo, debes inculcar creencias internas y profundas que te hagan cuidarte y amarte.

Estamos hablando de la autoestima, el amor propio, los signos de ansiedad son un conjunto de varios factores, pero que se pueden superar con las técnicas adecuadas usadas de manera disciplinada.

Y el deterioro físico es en consecuencia por muchos factores, de los cuales uno de ellos son las emociones bajas, de niveles negativos, me refiero sentirlas durante mucho tiempo, constantemente, en donde el ser humano no logra salir de su bajón.

Y se crea por decirlo de una forma, un estilo de vida que está hecha para hundirlo poco a poco, porque las emociones nos influyen de tal modo que pueden determinar nuestras decisiones, nuestra vida, nuestra salud, nuestro cuerpo.

Esto se puede ver reflejado, por como las marcas de la ansiedad están presentes en los gestos de la personas, uno no puede esconder por mucho tiempo lo que guarda, al final todo sale a la luz, quizá no ahora, ni muy pronto, pero al final todo se puede apreciar de maneras indirectas, como si fueran los síntomas de alguna enfermedad.

El cuerpo humano tiende a respondernos de muchas maneras por los estados emocionales en los que nos encontramos, son la representación de nuestros estados internos.

Por la manera en la que nos sentimos por dentro, se verá reflejado por fuera, el cuerpo es el reflejo de cómo nos sentimos.

La ansiedad te hace envejecer con mayor velocidad, si estamos hablando de periodos largos de tiempo, y si no se hace algo al respecto, es probable que el sujeto, termine viviendo una vida hasta triste.

Capítulo 16
Percepción de uno mismo

Todos conjugamos un todo universal, todo está influyendo en cada momento, por el contacto que se entablan los entes, esto les permite influir y ser influenciado, creando una mutua existencia, en la cual comparten unos con otros en el que unos dan y otros reciben en todo momento, pero no solo recibimos y damos en el plano físico, esto va más allá.

En el plano emocional, mental o psicológico damos a los demás, compartimos lo que somos, y eso puede influir en cierta medida a los demás al igual que recibimos de las personas, lo que ellos tienen para ofrecer.

Cada pensamiento que nace en la mente de las personas, cobra vida de alguna manera, mientras más profundos son los pensamientos en la psique del individuo, hay más posibilidad de que se vean traducido en su realidad.

Porque en las profundidades de la mente es en donde se reproduce la vida de las personas. Primero en su interior y luego de forma natural en el exterior, entendiendo como el cuerpo físico, las amistades, el trabajo, la casa, las circunstancias, las oportunidades, todo.

La ansiedad es el resultado de los estados mentales naturales de cada persona, por lo general cuando está enfocado en el futuro, cuando siente peligro, cuando no siente que sea capaz de afrontar un problema o cuando un tercero entra en acoso psicológico.

Cómo se relacionan

Entendemos que la autoestima es el amor propio que se tiene cada persona, el auto concepto que tiene de sí mismo, dependiendo de cómo se vea esta, es como va a desenvolverse en el mundo.

En gran medida, somos quienes somos, estamos donde estamos, y hacemos las cosas que hacemos por cómo somos en nuestro interior.

La ansiedad es un efecto hecho por varios factores que posiblemente sean externos, y también internos.

Las personas a las que estamos rodeados, como son una de nuestras grandes influencias, si estas solamente inspiran emociones negativas, ten por seguro que te van a contagiar de aquel padecimiento, cada persona con la que te juntas sea positiva o negativa, ganador o perdedor, ten por seguro que manteniendo esa relación, te va a salpicar sus resultados traduciéndolos en ti, esto quiere decir que pasando tiempo con personas que se quejan, te hacen sentir mal, culpable, que no tienen solución para nada sino todo lo contrario, que te invitan hacia los malos hábitos, lo más seguro es que en algún momento, la situación de esas personas van a explotar, y si tu estuviste presente con ellos durante mucho tiempo, te va a salpicar a ti también.

Los efectos ocurridos por andar con cierto tipo de personas afectan a nuestra vida, de un modo u otro.

Al final lo que debemos cuidar es, quienes somos y en quien nos estamos convirtiendo.

Los problemas, resultados negativos, angustias son generados por personas que no son capaces de solucionar sus problemas, y tampoco tienen intención de hacerlo.

El mantener el contacto con personas así, resulta depresivo para aquellos que se juntan con ellos.

Pero, ¿No suena como una locura asociarse con amigos así? ¡Claro que sí!

Muchas de las relaciones en la actualidad, no buscan mayor cosa que la atención, se suele confundir la atención de los demás con amor, es por eso que cuando alguien tiene la atención de los demás se siente querido.

Es tan fuerte este motivo que incluso sin importar el bienestar del sujeto, será capaz de buscar la aceptación de cualquier personas que pueda acceder.

No está buscando lo mejor para él, está mendigando algo de amor de los demás a cualquier precio, se está vendiendo barato, en términos económicos.

Por la asociación de personas que se quejan, culpan o se justifican, también hay un efecto, en este caso negativo.

Como todo se halla entrelazado en nuestras vidas, cuando nosotros empezamos a movernos, también movemos nuestro mundo, entendiendo por moverse cuando alguien toma decisiones diferentes a las habituales.

La ansiedad es un síntoma que al mantenerse presente durante bastante tiempo, puede afectar en otros aspectos a la persona, por ejemplo, alguien empieza a sentir ansiedad porque en su trabajo le dieron mayores responsabilidades de los que podría manejar.

Al inicio se alegra porque su sueldo aumentará, pero los problemas que debe afrontar son demasiados para él, lo que le hace considerar que estaba mejor en su puesto anterior.

Aun así se queda, generando ansiedad cada día que va al trabajo, y como debe ir todos los días, el sentimiento le invade por todo el cuerpo por casi durante todo el día.

Al sentir emociones negativas durante todo el día, lo que le hace es que se siente más triste, incluso su autoestima es más baja, debido al primer síntoma de ansiedad, luego de varios días fue acumulando más emociones negativas.

Haciéndolo sentir miserable en su situación hasta se pudo ver físicamente el deterioro, por cómo se sentía se podía apreciar físicamente el resultado.

Entonces al haber iniciado esta espiral de bajada, cada vez fue agrandándose más y más, aumentando más emociones negativas en su vida, al mantener algo durante mucho tiempo, este se va expandiendo, no importa de qué se trate, porque en lo que mantienes tu enfoque, es lo que se va a expandir en tu vida.

Y determina como hoy en día te encuentras.

No es casualidad que una persona sea depresiva, es por la acumulación de emociones negativas que tuvo días, semanas, meses, o años atrás.

Es una causalidad, el hecho de andar preocupado, deprimido, ansioso fueron por hechos ocurridos en el pasado que no fueron solucionados, sino mantenidos en tu interior, son señales de que debes hacer algo al respecto, para cuidarte a ti mismo.

La gente con ansiosa siempre anda preguntándose y preocupándose por el futuro, preocupándose por las cosas malas que podrían pasar, se preocupan por cómo reaccionarán las personas ante ciertas situaciones, en pocas palabras son personas que necesitan tener el control de todo de manera enfermiza para ellas mismas.

La gente con ansiedad tiene miedo a fracasar en un futuro, se inventan unas historias que las hacen sentir que, si no controlan todo, si no controlan el resultado o a las personas, ellos terminarán afectados.

Capítulo 17

Bienestar Físico y Mental

Hemos dicho con anterioridad que el ser humano es lo que consume, en todos los sentidos.

Si tú estás padeciendo en estos momentos de depresión, o ansiedad, has de revisar tus hábitos alimenticios, y también como cuidas tu cuerpo, ya que todo influye en nuestra vida, así como, dormirnos tarde, levantarnos tarde, no leer libros, pasar demasiado tiempo en Instagram o el Netflix, todo eso influye en tu vida.

El levantarte temprano, las personas con las que te juntas, los compromisos que estableces y cumples también repercuten en tu vida.

Alguien que se la pasa muchas horas durmiendo es porque quiere escaparse de su realidad, o porque se encuentra triste, el dormir es su refugio temporal, por eso hay muchas personas que les encanta dormir hasta tarde, o durante muchas horas.

No me malentiendan el descanso es necesario, pero cuando se lo realiza para evitar algo, o escaparse de algo no suele ser la mejor solución.

Las personas funcionan con energía, mientras más felices estén más llenos, más realizado se sienten, realmente creen que tienen muchas posibilidades de obtener logros en su vida.

Por otra parte la gente con ansiedad suele tener niveles bajos de energía, o su propia energía es mal canalizada y mal usada, haciendo daño a su propio cuerpo.

El miedo hace que pierdas mucha energía en las situaciones difíciles, por eso uno se queda paralizado ante las adversidades, permite que el miedo lo detenga y a la vez le roba la energía de su cuerpo agotándolo ¡Y sin hacer nada!

El miedo si te invade puede drenarte toda tu energía y desgastarte, impidiéndote responder de alguna manera ante la situación.

Hay maneras para poder afrontar la ansiedad y no estar paralizado, como el ejercicio físico, practicándolo de manera disciplinada, te brinda mayor seguridad, el cuidado de uno mismo desarrolla la autoestima, te mantiene animado y te mantiene saludable.

Como dijimos, cuando tú te mueves la vida se mueve, el hábito de ejercitarte varias veces a la semana, te relaja, elimina la ansiedad y te ayuda a superar la parálisis.

La alimentación va de la mano con el ejercicio, porque, lo que comemos también afecta a nuestra energía, el sistema digestivo usa más de la mitad de la energía para funcionar, más que el cerebro.

Por eso al dedicarse a comer comida chatarra todos los días por un mes por ejemplo, te vuelve más lento, andas más cansado, tu mente ya no es tan ágil como antes, influyendo en todo tu cuerpo y emociones, luego te llega la ansiedad por cómo está funcionando tu cuerpo.

Porque la comida influye en cómo nos sentimos, no digo que mientras más rico comas mejor te vas a sentir, digo que mientras más saludablemente más energía tendrás para vivir, para compartir con los tuyos, para disfrutar el tiempo contigo, para trabajar más duro en ti mismo y tu propósito.

La gente que padece de ansiedad tiene vacíos, vacíos que trata de llenarnos con muchas cosas como objetos materiales, personas o comida.

En este caso la gente ansiosa ingiero mayores cantidades de azucares para sentirse mejor en ese momento como si fuera en realidad un antidepresivo, pero esto lo único que hace es engordar, afectando a tu salud física.

Una mujer padecía de tristeza y falta de seguridad porque su pareja no la consentía físicamente durante 6 meses, él había perdido el interés, y ella como pareja empezada a tener vacíos internos emocionales de afecto.

Con esos vacíos a ella le urgía llenarlos con algo, en este caso empezó a ingerir más pasteles, y chocolates para aliviar su vacío, pero solo la calmaban durante poco tiempo necesitaba más pasteles para aliviar su vacío lo que la hizo engordar, y afectar bastante a su salud, empezó a tener sobrepeso.

Y todo porque no supo cómo manejar sabiamente sus vacíos, gracias a ese manejo de sus vacíos por su aspecto y como se sentía por ello, adicionalmente tenía más tiempo sintiendo ansiedad y depresión por cómo se veía.

Como una cosa lleva a la otra, fácil he inconscientemente alguien puede terminar afectando a su vida si permite que sus vacíos lo controlen, por eso la gente regularmente se droga, porque quiere escapar de su realidad, o por eso la gente ingiere bebidas alcohólicas, te aseguro, que siempre que vas de fiesta, siempre al final te sientes terrible. Si fue divertido y todo, pero al final hasta lamentas haber hecho eso.

Pero que importa si lo que uno quiere hacer es escapar de su realidad, fingiendo que encuentra la verdadera felicidad detrás del alcohol.

Desarrollar amor propio requiere que auto cuidado, requieres, cuidarse física, espiritual y emocionalmente,

Desde haciendo ejercicio cada día, manejando una dieta que sea adecuada para el individuo, no durmiendo tarde y levantándose tarde, con las disciplinas correctas aplicándolas por lo menos un año, ahí es cuando vas a ver los resultados por cómo te siente y como te ves.

Capítulo 18

¿Los Vicios, para escapar de la Ansiedad?

No es casualidad que la gente ansiosa tengas hábitos o disciplinas que por lo general los llevan por malos caminos.

Malos caminos para su salud física, mental, espiritual, malos caminos para su carrera, para sus relaciones, para su amor propio.

El auto concepto que tienes de ti es generado por los actos que haces a diario ¿Qué es lo que realizas diariamente?

Uno no puede autoproclamarse como el mejor del mundo si sus actos no están alineados con sus pensamientos y sentimientos, no tendría sentido.

Por como una persona se siente ahora, es por el conjunto de acciones que hizo en el pasado durante mucho tiempo.

A mucha gente no se le enseña que los buenos hábitos forman el carácter, es considerado la disciplina más valiosa que la inteligencia.

Dependiendo de las disciplinas que acomodes a tu vida, está se desarrollará de un modo u otro.

Entendiendo esto, hay que cuestionarse porque la gente tiene adicciones a consumir productos que hacen daño a su propio cuerpo, hay que tener en claro que la mente aunque tenga su parte racional y analítica, abarca mayor espacio la parte emocional he instintiva.

La gente se maneja más por emociones que por razones, a un adicto aunque le des la solución a sus problemas con el mejor consejo del mundo lo más probables es que aunque lo sepa no lo va a utilizar, porque tiene apegos emocionales hacia sus adicciones.

O sea a parte que tiene adicciones para cubrir sus carencias o escaparse de su realidad, forma un tipo de afecto a su adicción, relación más toxica no se me podría ocurrir.

Pero cuando alguien ama un cactus ¿Cómo le puedes hacer dar cuenta que ese amor lo está matando? Dependiendo de la persona de la que se trate, hay algunos que logran superar sus adicciones mediante un proceso estricto y así logran salir adelante con las herramientas que les ayuden, otros mantienen sus adicciones en términos regulares, o sea que no se van a los extremos, lo que hacen es elegir una muerte lenta, y hay otros que son incapaces de dejar su adicción sin ella no pueden vivir, dependen su existencia completa en una simple droga para tapar su propia realidad.

Por lo general todo lo que te da placer instantáneo es perjudicial para las personas, en especial si ese placer está matándote poco a poco, uno no lo ve ahora, pero todo sale a la luz durante el tiempo, el tiempo nunca miente.

Algo que he presenciado en jóvenes y adolescentes es que consumen productos ilícitos solo para aparentar ser alguien que está en onda, que es peligroso, o cualquier cosa que tape lo que realmente es, se esconde detrás de las adicciones a él y todo aquello de lo que está escapando.

No puede ser alguien a la moda o alguien que merezca respeto si no consume alcohol o cigarro, en frente de las personas que las consume.

Lamentablemente mucha gente lo hace para ser aceptado, para tener atención, y reconocimiento de grupo, todos quieren amor, sin importar el costo que conlleve.

A la larga no te va a hacer más popular ser víctima de las adicciones, te va a afectar a tu cuerpo, a tu mente, a quien tu eres, a tu auto respeto, a tu autoestima, y te hace más vulnerable porque sigues dependiendo de un producto que es dañino.

Hay que reconocer que la atención no es amor verdadero, pero la gente lo confunde en muchas ocasiones, tienen un estilo de vida, con el único propósito de que la gente les de atención, como un justificativo para que la gente tenga su atención.

Entender la diferencia entre amor y atención puede hacer la diferencia en tus relaciones porque con la primera solo se genera relaciones superficiales, que realmente no llenan al espíritu, son como las adicciones, los más afligidos dependen urgentemente de ella, y harán lo que sea necesario para obtenerla del prójimo así sea haciéndose a la víctima, o tratando de encajar en un grupo de alcohólicos, fumadores, no estoy diciendo que las personas que consumen esos productos sean malas, lo que estoy comunicando es que consumirlos hace daño a tu cuerpo y a tu mente, y si se lo realiza constantemente a tu vida también.

En realidad no puedes culpar a los demás por las adicciones o malos hábitos alimenticios que tienes, porque fuiste educado por personas que tenían los mismos patrones de comportamiento alimenticios y de salud, fuimos condicionados desde pequeños con las personas que más tiempo pasaron con nosotros, por lo general son los padres, pero no todos los padres saben sobre nutrición, salud mental y física solo enseñan a sus hijos lo mejor que saben con lo mejor que tienen, y por lo general, en realidad es dañino.

Entonces al ser condicionados desde tan pequeños, esos patrones de comportamiento quedan grabados en la mente inconsciente, del individuo, como su manera de comportarse, él no es su comportamiento, pero estos forman parte de su vida, como si los hubiera heredado, en ese sentido, las personas que tuvieron padres con malos patrones de comportamiento, solamente son víctimas de otras víctimas, no hay nadie a quien culpar.

El verdadero trabajo es reacondicionar tu mente para que esta trabaje en tu beneficio y no en tu contra.

Cuestionarse, buscar, he indagar los patrones mentales de comportamiento del individuo, es entender porque una persona piensa como piensa, o actúa de la manera en la que lo hace.

Todo es un conjunto de hechos pasados que unidos crean los resultados que se pueden apreciar actualmente, son como las raíces de un árbol.

Los frutos se pueden apreciar luego de que las raíces se hayan fortalecido y el árbol se haya desarrollado, los frutos son los resultados de ahora, no se los puede cambiar, porque surgieron del pasado. (De las raíces), entonces para cambiar los frutos se debe quitar las raíces y cultivar nuevas, que hagan brotar nuevos frutos, con mejor sabor, color, y tamaño.

Y si una persona nota que no tiene ningún fruto puede ser porque no ha cosechado nada en su vida, o porque sus frutos son inexistentes.

Otros podrían tener unos frutos tóxicos, dañinos, peligrosos, muy probablemente debido a las carencias del individuo, tratando de esconderlas, con adicciones que (consumiéndolas de manera seguida y constante por la creencia de que ese es el significado de diversión, atención y aceptación de la tribu) son fatales para él o ella misma.

Ahí se pueden apreciar frutos decadentes, o marchitos, desde como se ve por fuera hasta cómo se siente interiormente.

La manera de poder reacondicionar la mente es cavando en lo más profundo de las raíces, arrancarlas y poner nuevas creencias, nuevas disciplinas que son adecuadas para el sujeto en cuestión.

Suena como un lavado de cerebro, pero en realidad se puede entender como terapia, hay que sacar toda la basura que tiene en la mente la persona, sacándola al exterior, es decir reconociendo los patrones inadecuados que heredó de sus educadores, exponiéndolos a la luz, aceptar que esto no le pertenece y puede adoptar comportamientos más adecuados para la persona.

Somos como un gran cajón o casillero en el que se encuentran todos nuestros archivos mentales, de los cuales surgen nuestros pensamientos, que estos crean nuestros sentimientos, con los cuales guían nuestras acciones y al final obtenemos los resultados.

Pregúntate ¿Qué resultados estoy obteniendo a causa de mis archivos mentales?

Mucha gente en realidad anda dormida en la vida, haciendo caso a lo establecido sin entender cómo funciona su mente, y porque funciona de la manera en que lo hace.

Cómicamente hablando, andan por la vida como zombis, condicionados por comportamientos que fueron heredados o impuestos por alguna influencia externa en el pasado que ayudo como sus modelos de conducta.

La mayoría de los modelos de conducta para los hijos, fueron personas que eran adictas a algo, estaban enganchados a un objeto o droga u otra cosa que pudiera hacerles sentir bien momentáneamente, eran débiles para afrontar su incapacidad de alejarse de las adicciones.

Capítulo 19
Sanando la Mente

Superar la ansiedad es un proceso por el cual todos los que la padecen deben recorrer, pero generalmente implica entender las causas subyacentes, aprender estrategias de manejo del estrés, como la respiración profunda, la atención plena, y buscar apoyo profesional en caso de ser necesario. Es decir tener la intención y disposición de trabajar en tu salud mental, teniendo en cuenta que toda solución emocional requiere de un proceso personal, la forma en la que se soluciona será distinta a la de otra persona, porque tiene distintas percepciones y entendimientos. Por otra parte construir una red de apoyo social y practicar hábitos saludables, como el ejercicio regular y una dieta equilibrada, también puede ayudar a reducir la ansiedad.

Historias de éxito

Emma Stone, la famosa actriz. Ha hablado abiertamente sobre su batalla contra la ansiedad desde una edad temprana. A pesar de su éxito en la industria del entretenimiento, ha enfrentado desafíos significativos en su experiencia personal.

Emma a compartido cómo la terapia y el apoyo de sus seres queridos fueron fundamentales para ayudarla a manejar su ansiedad. A través de la terapia, aprendió técnicas para enfrentar sus miedos y desarrollar una mentalidad más positiva. Además, encontró consuelo en la meditación y el yoga, prácticas que le ayudaron a mantener la calma en momentos de estrés.

Aunque la ansiedad sigue siendo parte de su vida, Emma ha demostrado que es posible vivir una vida plena y exitosa mientras se maneja esta condición. Su valor al hablar abiertamente sobre su experiencia inspiró a muchos a buscar ayuda y trabajar en su propia salud mental.

Michael Phelps, el legendario nadador estadounidense, es conocido por sus impresionantes logros en los juegos Olímpicos, pero pocos conocen la batalla interna que enfrentó contra la ansiedad y la depresión. A pesar de haber ganado un récord de 23 medallas de oro olímpicas, Michael Phelps lidió en privado con la ansiedad y la depresión durante gran parte de su vida.

En una entrevista, Phelps compartió cómo sus luchas con la ansiedad y la depresión alcanzaron su punto máximo después de los Juegos Olímpicos de 2012 en Londres. A pesar de su éxito en la piscina, Phelps se sentía vacío y desconectado fuera de ella. Su identidad estaba tan arraigada en su desempeño atlético que no sabía quién era sin la natación.

La ansiedad y la depresión de Phelps se intensificaron, y alcanzaron un punto crítico donde incluso consideró el suicidio como una opción, Sin embargo, en lugar de sucumbir a la oscuridad, decidió buscar ayuda profesional. Se abrió sobre sus luchas y se comprometió con la terapia y el tratamiento.

Fue a través de la terapia que Phelps comenzó a abordar las raíces de su ansiedad y depresión. Aprendió técnicas de afrontamiento, como la meditación y la atención plena, para controlar sus pensamientos negativos y encontrar un sentido de paz interior. Además, incorporó el ejercicio regular y el sueño adecuado en su rutina diaria para mejorar su bienestar general.

Phelps también encontró apoyo en su familia y amigos cercanos, quienes lo alentaron en su camino a la recuperación. A medida que se abría sobre su salud mental, descubrió que no estaba solo en su lucha y que compartir su historia podía inspirar a buscar ayuda.

Hoy en día, Michael Phelps es un defensor apasionado de la salud mental y utiliza su plataforma para crear conciencia sobre el tema. El valor que tuvo al hablar sobre sus propias experiencias ha inspirado a muchos a romper el estigma asociado con la ansiedad y la depresión, y a buscar el apoyo que necesitan para sanar.

La terapia en algunas ciudades por alguna razón es se considera que las personas que las toman están locas, en el mal sentido.

Tal vez sea algún fetiche que las películas nos han metido en el cerebro, sospecho que por ello creemos que las personas que acuden a terapia, o a entornos que se asemejan, nos da a entender que la persona está enferma del cerebro, o sea psicológicamente.

Curiosos, pero en realidad no es así ni se asemeja a nada parecido, la vida real no es como las películas te lo venden, es solo ficción, es irreal.

En realidad la terapia es de gran ayuda para quien están dispuestos a tomar su proceso de rehabilitación de forma seria, aceptar en dónde uno se encuentra, y tener la intención de salir de ahí por está afectando a su vida, sus relaciones y trabajo.

Hay personas que no saben que necesitan terapia, para sacar lo mejor de sus vidas, hay quienes van caminando por la vida sin saber los padecimientos que tienen.

Por lo general nadie se te va a acercar y decirte "padeces de ansiedad crónica", (si es que la tuvieras), pero cuando uno lo descubre, está un paso más cerca de curarse internamente.

El aceptar la situación en la que está una persona es progreso para su bienestar, pero esto solo es el inicio, lo siguiente que podría hacer es trabajar con un psicólogo que problemas tiene internamente, tener en cuenta los patrones mentales que fueron aprendidos en su niñez, volver a conocerse y darse cuenta que todo lo que aprendió en su niñez puede ser superado, tener la capacidad de hablarlo con otras personas en grupo es de gran ayuda, de hecho esos grupos de apoyo puede acelerar el proceso de curación interna, porque cuando se expone a la luz las causas o los miedos que uno esconde con todas sus fuerza, se da cuenta que ese miedo se encoge, se vuelve diminuto y ya no le puede afectar a la persona.

El miedo expuesto a la luz se desvanece.

Por eso la terapia es muy útil, y uno lo puede tener con su grupo de amigos, si es que tu cuentas con uno de confianza, pueden ser personas de apoyo mutuo, que a la larga fortalece los lazos de amistad, al igual que fortalece a cada individuo.

Capítulo 20
Hacia dónde nos lleva la Ansiedad

Hay un gran futuro por delante, el mundo será diferente, habrá costumbres nuevas, mejores y más rápidas formas de hacer las cosas, viendo lo rápido que ocurren las cosas actualmente, me emociona pensar en cómo será el futuro.

Sin embargo la vida proviene de la naturaleza y en ella hay principios que son inquebrantables, don como leyes de vida que no se puedes estar en contra de ellas, todos sabemos que en algún momento estaremos debajo de la tierra, en algún momento la de la muerte nadie se puede escapar, y este aspecto forma parte de la vida en todos sus aspectos.

Es una ley inquebrantable de la naturaleza como el nacimiento, crecimiento y la maduración de los seres vivos.

El instinto que recibimos de la naturaleza es una herramienta que nos ayuda en momentos de verdadero peligro, está integrado en nuestro cerebro para ayudarnos a perdurar y salir adelante.

Los indicadores como la ansiedad nos ayudan a darnos cuenta de la situación en la que estamos y nos invita a tomar decisiones para mejorar nuestra situación.

Perspectivas y soluciones emergentes

En ese sentido logramos entender que la naturaleza en su infinidad es perfecta, todo engrana de una manera maravillosa y todo está aquí y pasa por algo.

Las oportunidades que logramos observar en momentos difíciles, son gracias a los indicadores de peligro que recibimos de Dios, a través de nuestros instintos que nos ayudan para protegernos, al igual que las emociones nos señalan como interpretamos ciertas situaciones.

Las emociones no hay que evitarlas, para tener una vida plena debemos aceptar las emociones con los brazos abiertos, estar dispuestos a recibir todo lo que la vida nos tenga para dar, no escapemos de ello ni lo evitemos, por nuestro propio bien.

Pero las herramientas que Dios te ha dado no te paralicen y te hagan caer en una espiral interminable, a raíz de no responder adecuadamente ante ellas.

En la vida no hay una sola respuesta correcta, hay muchas, creer que todo tiene una única respuesta o manera hace paralizar a la gente haciéndola creer que es tonta por no tener la respuesta.

Las cosas se pueden hacer de muchas maneras, si el miedo paraliza a las personas por alguna razón de ansiedad, estrés, o demasiado análisis, es porque el individuo lo está permitiendo consciente o inconsciente.

A menudo confundimos los estados emocionales personales y de otras personas haciéndonos actuar o reaccionar de maneras que no son congruentes, o reactivas, haciendo un caos en nuestro entorno.

Como las emociones son algo que forman parte de nosotros, y están en nuestro interior podemos aprender a manejar nuestras reacciones para anticiparnos a resultados que, posiblemente, podamos arrepentirnos, como se ha dicho en numerosas partes, cuando las emociones están a flor de piel, si se busca solucionar alguna situación reaccionando emocionalmente, o hasta hormonalmente, lo más seguro es que nos arrepintamos en un futuro.

Las mejores negociaciones en las que ambas partes ganan se las hace en tranquilidad, se dice que esperar hasta el día siguiente es una buena opción para aminorar las posibles tragedias que podrían ocurrir.

Ahora, si se la hace en el momento en el que las emociones están en su punto máximo, lo más seguro es que uno quiere aprovecharse del otro, o que alguien terminará arrepintiéndose del resultado.

En cuestión de los años próximos, seguiremos comunicándonos y relacionándonos unos con otros, cada vez con mayores facilidades tecnológicas, los tratos entre personas serán siendo las mismas, las respuestas instintivas serán las mismas, pero estarán adaptadas a la época en la que se vive.

La ansiedad es solo un engranaje más que está en conjunto con las otras y que se influyen entre sí afectando la forma de actuar y ser de los individuos.

Haciendo que los influya en el resto de aspectos en la vida del ser humano, como percibes una cosa es como percibes todo.

Capítulo 21
Mitos y Realidades sobre la Ansiedad

Al estar con exceso de información gracias al internet, las historias, los mitos, las leyendas, y muchas otras pautas, han convencido a mucha gente de que son reales.

Podemos obtener información como nunca antes lo podíamos conseguir, tal es el caso, que a la hora de buscarla, nos encontramos en que hay un exceso de información pero está desordenada, dificultando el poder encontrar lo que uno está buscando.

Es ahí cuando, la información que recibimos es de dudosa procedencia.

Los mitos, las leyendas, las historias ocultas son temas interesantes que han hecho caer a mucha gente, haciéndoles creer que son realidades en nuestro mundo, este tema ha llegado tan lejos, que la gente sensible se la cree por completo haciéndola caer en el miedo, la incertidumbre, la ansiedad, etc.

Muchos mitos divulgados por internet como realidades, han hecho que las personas que se lo creen, hagan cosas que para los demás es una ridiculez.

Y aunque lo fuese, no lo es para el que se la creyó, pues fue una víctima más del medio de entretenimiento o de consumo masivo.

Hay muchos mitos respeto y una enorme variedad de temas, es tan grande que la gente ya está harta de estas cosas, pero no faltan aquellos que son nuevos en estas cosas, y al adentrarse en él, más tarde que temprano, es sugestionado por mitos o leyendas falsas.

Mucha gente considera que la ansiedad es un signo de debilidad, se dice que aquellas personas que las padecen, son gente que es demasiado sensible, que se toma la vida demasiado enserio, que incluso son frágiles ante las adversidades, siendo consideradas como no aptas para la sobrevivencia.

Esto por supuesto es un mito, la ansiedad en realidad es una respuesta natural que proviene del cuerpo a situaciones de estrés o peligro, y no es un signo de debilidad como dirían muchos. Esta puede afectar a cualquier persona en diferentes grados y en diferentes momentos de la vida.

Curiosos pero es muy probables que tu hayas atestiguado casos así, en el colegio, en la calle, a través de internet, u otras ubicaciones sociales.

La gente suele entender a su entorno, de formas superficiales, lo hace a simple vista y a grandes rasgos, sacar conclusiones acerca e algo de manera tan rápida, no suele ser una buena idea, es por ello que como seres humanos, no somos perfectos, y por ello se cree que la ansiedad surge de causas evidentes.

Se afirma con fuerza que sabemos de lo que hablamos, aun cuando estemos totalmente equivocados, sin indagar, sin buscar a fondo, sin detectar las causas de los efectos que produce la ansiedad.

Por eso es tan importante no juzgar tan rápido a las personas, porque podríamos cometer un grave error a la hora conocerla, al estar prejuzgando de manera incorrecta.

Si bien a veces la ansiedad puede estar relacionada con eventos específicos, como problemas en el trabajo o en las relaciones, también puede surgir sin una causa aparente, puede ser otra cosa que vaya más allá de lo que el ojo humano puede llegar a ver.

La mente humana a tenido una evolución impresionante, durante los siglos, se ha apreciado como está ha ido teniendo una transformación progresiva, permitiendo al hombre crear la filosofía, crear inventos que hoy en día nos hacen más fácil la vida.

Sin embargo se cree que el hombre, por más años de evolución que tenga, sigue conservando esa parte que es considerada como estúpida, que a pesar de los grandes avances que la humanidad ha logrado, sigue conservando su estupidez.

Se dice en muchos lugares que, la ansiedad siempre perjudicial y debe evitarse, algo como los momentos dolorosos que uno sufre al luchar por lo que uno quiere de la vida, son necesarios y considerados como algo que, una vez obtenido nadie te lo puede quitar.

Es por eso que la ansiedad, en dosis moderadas puede ser beneficiosa, ya que ésta puede motivar a enfrentar adversidades y a tomar medidas para protegernos. Sin embargo, cuando se vuelve crónica o abrumadora, puede interferir con la vida diaria y requerir tratamiento.

En casos actuales, se ha podido observar que, las cosas ocurren con una velocidad desenfrenada, por día se genera millones y millones de dólares, el movimiento laboral es cada vez más competitiva, el internet a hecho que obtengamos lo que queramos a una velocidad sorprendente, en pocas palabras, la velocidad en la que se logran hacer las cosas cada día creo que es mayor a lo que se hacía en años anteriores y cada vez es más rápida aún.

Mucha gente como vive en un mundo en el que puede satisfacer sus necesidades de una forma instantánea creemos que, el resto de los apartados de la vida, funcionan así. Terrible error, no solo porque como individuos, necesitamos de muchos años para desarrollarnos, física, mental y emocionalmente, sino también porque en las relaciones, para que éstas salgan adelante se necesita de mucha paciencia, esfuerzo, armonía compatibilidad, siendo uno de los apartados más complejos que podemos experimentar en nuestras vidas.

Pero el adolescente promedio, como vive, en su gran mayoría, rodeado de satisfacciones instantáneas, cree que el resto de su vida se desenvolverá así.

Cree que la vida es como de microondas, puede obtener todo lo que desee en cuestión de apretarle el botón y lo tendrá servido en treinta segundos.

Por ese motivo, al ver a otras personas que viven momentos difíciles ya sea del tipo que fuere, como problemas en el trabajo, la traición de una amistad, pareja o socio, solemos creer que va a superarlo a una velocidad de microondas, el individuo que padece estas situaciones de la vida real, es muy normal que tenga en los momentos difíciles, emociones de angustia, inseguridad, tristeza, decepción, angustia, estrés, depresión y ansiedad.

Por eso caemos en la falsa creencia de que, las personas con ansiedad solo necesitan relajarse.

Aunque las técnicas de relajación pueden ser útiles para algunas personas, la ansiedad a menudo requiere un enfoque más amplio que incluya terapia cognitivo-conductual, meditación u otras intervenciones según la gravedad del trastorno.

No es tan sencillo como ordenar una pizza desde la comodidad de tu casa, sino que, este requiere un proceso que toma tiempo y trabajo hacia uno mismo.

Como ya se recalcó en varias ocasiones, los humanos pecamos de juzgar a las personas de nuestro alrededor de manera superficial, lo cierto es que los trastornos mentales, y emocionales, se pueden esconder muy fácilmente al ojo humano.

Y como último punto, se considera que, la ansiedad es solo un problema mental. Y al no estar bien informados sobre el asunto como suele ser en la mayoría de los casos se prejuzga de manera muy rápida a las personas que sufren de estos trastornos.

De hecho en realidad, la ansiedad también puede tener manifestaciones físicas, sentir en carne propia la suma de nuestras emociones, como palpitaciones, sudoración,, dificultad para respirar, dolores de cabeza, entre otros. Es importante abordar tanto aspectos mentales como físicos de la ansiedad para un tratamiento efectivo de manera empática.

Capítulo 21
Carencias

Ahora bien, llegados hasta aquí, el tema de la ansiedad en la actualidad se ha popularizado en todas partes, hasta es motivo de entretenimiento en ciertos casos.

Pero la ansiedad puede ser un síntoma de lo que realmente está ocurriendo en las personas que las sufren o las padecen, el estrés, la depresión o la ansiedad son indicadores de algo más profundo que está pasando en la gente.

¿Por qué debería sentir alguien ansiedad si tiene una pareja que en realidad no es leal o fiel, que en realidad es una persona capaz de meterse con la persona que le de necesidad?

¿No sería mejor terminar con esa persona ya que está asegurado que te va a faltar al respeto siéndote infiel?

Suena muy lógico, pero sabemos que los problemas complejos de pareja por ejemplo no son tan sencillos como se cree en realidad.

La víctima en este caso, por lo general cae en la negación de la realidad ¿Por qué se haría semejante cosa a sí mismo? ¿A caso no es una locura estar en una relación así? Que no te quepa duda que esas relaciones hacen mucho daño.

Es triste pero una hombre o una mujer que se encuentran en una relación en el que saben de forma directa o indirecta que su pareja es infiel y lo niegan es porque esa persona tiene carencias interiores, tiene vacíos que no puede llenarlos el mismo, busca en su exterior lo que no se puede dar interiormente, como por ejemplo amor propio.

Un acto de amor propio es separarse de toda persona a la que le hace daño en cualquier tipo de grado, cuidarte a ti mismo de las personas que son tóxicas, marcar límites, amarte y respetarte a ti mismo, son actos de una autoestima bien marcada.

Pero si la persona tiene carencias internas, siente que le falta algo para estar completo, si no se conoce realmente, va a buscar la solución en otras personas, o por lo general terminan juntándose con las personas equivocadas para ellas, por los motivos equivocados ¿Por cuales motivos? Por las carencias que tiene la personas en cuestión.

Como dijimos, ¿Qué necesidad tiene alguien de estar con una pareja que no lo respeta ni para serle fiel?, Pues cuando alguien tiene carencias internas, necesidad escapar de su realidad y llenarlo con cualquier cosa que pueda ocupar su lugar, quizá el miedo sea la emoción que lo impulse a escapar de sus emociones, buscando objetos, drogas, adicciones, o personas que puedan hacerlos escapar de la realidad, no importa qué, lo único que importa es escaparse de ellos mismos a través de las adicciones, las relaciones dañinas y falsas, los amigo que son malas influencias, pero por pasar un buen momento ellos se convencen de que vale la pena, cuando saben que en realidad se están haciendo daño a sí mismos, pero como prefieren no enfrentar sus carencias, toman decisiones desde el miedo, el odio, los celos, las inseguridades, etc.

Otro punto a destacar son las personas que van a consumir bebidas alcohólicas con la justificación de que es divertido y hay que disfrutar del momento, y de que uno es joven todavía.

Lo que estoy pretendiendo comunicar es que, los excesos son malos en todos los sentidos, en su medida y equilibrio, la vida puede tener una hermosa armonía.

Pero como se puede observar muy a menudo, la diversión en exceso, el consumo exagerado, los celos tóxicos, al final, no te dejan nada en la vida.

Es más podrían dejar a la persona aún más vacía de lo que se encuentra actualmente, por lo que esos vicios nunca fueron la solución para su situación.

Aunque suene extremadamente lógico ¿Por qué las personas toman medidas extremas al momento de ser seducidos por los vicios, cuando claramente se sabe que en última instancia terminan más lastimados emocionalmente de lo que se encuentran actualmente?

No hay justificación válida porque cuando los individuos tienen carencias internas de manera automática, o emocional lo primero que van a hacer es llenar sus vacíos, con personas, con objetos, con adicciones, con malos hábitos, por el simple hecho de llenar sus vacíos.

A modo de supervivencia, porque saben que al enfrentar a sus carencias, van a quedar expuestos, lo que podría significar que estarían vulnerables ante el mundo, con lo cual se tendría el concepto erróneo de que el individuo es débil ante el mundo y cualquiera lo podría manipular.

Pero en realidad ocurre todo lo contrario, ¿Cuándo realmente te conoces, te amas, no necesitas de cosas externas a ti para estar completo, es cuando, te das cuenta de que no necesitas de aquellas cosas que en realidad hacen daño.

Te das cuenta de que estas satisfecho con pocas cosas y que no necesitas más de la vida, no necesitas de excesos, ni de nada externo para ti para sentirte completo, sino que tu atraes aquellas cosas que son adecuadas para ti, desde la calma, no te esfuerzas por obtener lo que quieres porque todo esta lo que quieres te lo puedes dar tú mismo, está en ti.

Además cuando te vuelves capaz de dar, con alegría, en donde das sin recibir nada a cambio, es cuando has cultivado en ti una mentalidad que realmente está llena de abundancia.

Una persona que tiene el privilegio de tener una mentalidad abundante puede dar sin recibir nada a cambio. El individuo que tenga este tipo de mentalidad va a ser capaz de cambiar al mundo a diferencia a que aquellas personas adineradas en exceso.

Dejemos ese concepto de que todos deben ser extremadamente adinerados para ser felices poseer grandes riquezas o permitir que la avaricia nos gobierne nuestras vidas, eso no nos va a llevar a ningún lado.

El valor de dar crea sincronía universal, entiende que hay algo que sincroniza con todos nosotros, al dejar de pensar en nosotros y empezamos a pensar en los demás te empiezas a conectar y a fluir de una manera maravillosa, sientes que estas protegido, caminas con seguridad por la vida y sientes que todo te sale bien, que todo está bien, y siempre te va a ir bien, y las oportunidades llegan y llegan y llegan y simplemente todo se acomoda de una forma maravillosa.

Si simplemente, eligiéramos mañana hacer feliz a seis personas de nuestro entorno, a gente que conoces a tus familiares cercanos, primos, hijos a todos ellos y también a las personas que no conoces.

Le dices a tu compañero "déjame servirte esta vez a ti, tu trabajas todos los días" o le dices a tu ex pareja "gracias por haberme abandonado porque gracias ello ahora conocí a alguien especial, y soy feliz"

Con tan solo hacerle feliz a seis personas todos, podríamos cambiar el mundo en un día.

EPÍLOGO

En conclusión para terminar, en todos los sentidos, todo aquello a lo que nos exponemos, a lo que miramos, escuchamos, sentimos y experimentamos cuenta.

Todo lo que vivimos cada día forma nuestro estilo de vida y nuestro destino, el mundo te brinda una forma de vivir que es predeterminada, que consiste generalmente en mientras más consumas por placer mejor, mientras mas te entretengas mejor, mientras permanezcas desinformado mejor, mientras tengas que depender de las adicciones mejor, mientras no te cuestiones y te cuides peor.

Tenemos toda la información en la palma de nuestra mano pero la utilizamos para perder el tiempo, y poco más.

El conocimiento realmente es poder potencial para tener una vida mejor, mientras más sepas menos manipulado vivirás y más conciencia obtendrás.

Hay quienes creen que vivir con estrés y ansiedad es normal, llegan a un punto que ese es su estilo de vida, cabe agregar que el vivir con ansiedad y estrés sea por el motivo que fuere, como temas económicos presión laboral o social, o todas las formas descritas en el libro, afecta físicamente a la persona y para rematar hace que suba de peso y engorde, sí la ansiedad engorda.

La ansiedad no debe ser un estilo de vida, solo ha de ayudarnos para hacernos dar cuenta del peligro que percibimos y resolverlo lo más rápidamente posible, o adelantarse a los hecho, que esto es aún mejor para la salud del individuo.

Si el lector o la lectora aplica de manera disciplinada las pautas que indica el libro de forma continua, podrá ver resultados positivos en su mentalidad y en sus emociones, en como se siente.

Los consejos brindados aquí ayudan como terapia que debe realizarse de manera continua, no hace falta hacerlo el 100% de las veces y autocastigarse si alguien falló un día, de hecho si logra hacerlo el 80% de las veces de igual forma verá cambios positivos en su vida.

El autocastigo no lleva a ningún lugar, la solución no es prohibirse de los placeres, sino reemplazarlas por aquellas disciplinas que si cambian la vida de las personas.

No es solo cuestión de dejar vacíos en nuestras vidas, sino de llenarlas con aspectos que nos hagan mejores personas, más positivas, más felices, y más relajadas y más generosas.

Las comunidades que se encargan de realizar dichos trabajos, hacen enormes cambios positivos en la sociedad, porque para ver a nuestro mundo progresar se debe empezar por la sociedad, la cultura, y el resto se desenvolverá por inercia.

Cuando las disciplinas positivas predominan en la cultura, el nivel de vida mejora, y a causa de ello mejora la sociedad.

Todos los mecanismos creados en la sociedad para hacer sentir estrada a la persona ya están creadas para cumplir con su función, lo que se debe hacer es dar el conocimiento para que a nivel sociedad, se pueda eliminar todos estos mecanismos para hacer sentir miserable al individuo.

Don't miss out!

Visit the website below and you can sign up to receive emails whenever Christian Peña publishes a new book. There's no charge and no obligation.

https://books2read.com/r/B-A-OZFAB-WOTID

Did you love *La Generación de la Ansiedad*? Then you should read *Madurez Emocional*[1] by Christian Peña!

Considero que las emociones son una parte importante en la vida de las personas, que con ellas podemos lograr cosas inimaginables, el poder que tienen nuestras emociones nos hace tomar decisiones que pueden hacernos cambiar nuestras vidas para vida, dejando atrás enseñanzas que se quedarán con nostros y que nadie nos podrá quitar, es por eso que escribí este libro, es una guía que te ayudará a saber cómo lograr la Madurez Emocional de manera constante,

Lograr la Madurez Emocional en nuestras vidas es un trabajo que se debe realizar cada día, se debe integrar dentro de tus

---

1. https://books2read.com/u/m2KZo1

2. https://books2read.com/u/m2KZo1

creencias y principios, para que puedas lograr una gran realización en todos los aspectos emocionales de tu via, canalizar las emociones negativas como, la ira, el odio, la tristeza, en realidad es una gran fuerza para redireccionar a donde que estar o lo que queremos lograr.

Also by Christian Peña

Cuentos infantiles sobre valores morales
Tito el oso Perdido
Amigos por Siempre
El secreto de Halloween

Despertar del Engaño
Cómo romper las cadenas de la manipulación
Madurez Emocional
Cómo superar una Traición

Standalone
La Astucia de los Zorros
La Generación de la Ansiedad

www.ingramcontent.com/pod-product-compliance
Lightning Source LLC
Chambersburg PA
CBHW051847130726
47987CB00002B/725